강의경력 17년,
출제자의 시선으로 보는
구조독해 분석법

LEET 언어이해

문덕윤

글을 읽는 기초적인 학습부터 제대로 가르칩니다.

LEET는 '빠른 시간에' 보다 '정확한 방식으로'가 중요한 시험입니다.
단순한 독서보다 **체계적인 학습전략을 통해 근본적으로 독해 실력을 끌어올리는 것**이 중요하죠.

해커스로스쿨 LEET 언어이해 단과강의 10% 할인쿠폰

EFKF8E40K8562000

해커스로스쿨 사이트(lawschool.Hackers.com) 접속 후 로그인 ▶
우측 퀵메뉴 내 [쿠폰/수강권 등록] 클릭 ▶ 위 쿠폰번호 입력 ▶ 등록 버튼 클릭 후 이용

* 등록 후 7일간 사용 가능(ID당 1회에 한해 등록 가능)
* 3만원 미만 단과강의, 첨삭 포함 강의에는 사용 불가

해커스로스쿨 lawschool.Hackers.com

해커스 LEET

MOONLABO 언어이해

핵심 정리노트

해커스로스쿨

문덕윤

이력

- 서울대학교 외교학과 졸업
- (현) 해커스로스쿨 LEET 언어이해 교수
- (현) 해커스로스쿨 자기소개서/면접 교수
- (현) 중앙대학교 공공인재학부 강사
- (현) 중앙대학교 로스쿨 준비반 언어이해 강사
- (현) 세종대 법학과 겸임 교수
- (전) 메가로스쿨 언어이해 교수
- (전) 메가로스쿨 자기소개서/면접 교수
- (전) 서울대, 고려대, 이화여대, 한양대 언어이해 특강 강사

저서

- 해커스 LEET MOONLABO 언어이해 기초(2022)
- 해커스 LEET MOONLABO 언어이해 기출문제+해설집(2023)
- 해커스 LEET MOONLABO 언어이해 기본(2024)
- 해커스 LEET MOONLABO 언어이해 핵심 정리노트(2024)
- 해커스 LEET MOONLABO 언어이해 고난도 지문독해(2024)
- 해커스 LEET MOONLABO 언어이해 파이널 모의고사(2024)
- 3P 적중 모의고사(2020)
- 로스쿨 이야기(2017)

LEET 언어이해 궁금증 해결!
문덕윤 선생님과 직접 소통할 수 있습니다.

@moondeokyun

서문

언어이해의 독해 원리 학습을 위한
『해커스 LEET MOONLABO 언어이해 핵심 정리노트』
를 내면서

『해커스 LEET MOONLABO 언어이해 핵심 정리노트』는 시리즈의 네 번째 책으로, 지문을 문제 해결에 적합한 방식으로 읽는 훈련을 위해 제작했습니다. 핵심 정리노트 교재의 특징은 다음과 같습니다.

1. 문제를 통해 상황을 판단하는 연습을 합니다.
LEET 언어이해 시험에서 가장 중요한 것은 질문자의 의도를 파악하는 것입니다. 문제가 어떤 방식으로 구성되었는지, 상황에 따라 어떤 방식으로 접근해야 하는지 생각하고 계획적으로 지문을 읽는다면 효과적인 독해가 가능합니다. 출제자가 어떤 의도로 질문을 했는지를 살핀 후, 해결할 문제가 무엇인지 그리고 어떤 방향으로 접근하기를 원하는지 파악하는 연습을 할 수 있습니다.

2. 문제 해결에 필요한 정보를 집요하게 파고 들어가는 연습을 합니다.
핵심 정리노트는 지문을 올록볼록하게 읽는 연습을 위한 책입니다. 지문의 정보를 입체적으로 받아들이려면, 상황에 따라 필요한 부분과 필요하지 않은 부분을 구별하기 위한 훈련이 필요합니다. 이런 과정이 없다면 지문을 막연히 자세하게 이해하게 되는데, 이렇게 하면 불필요한 힘이 많이 들고 시간 낭비도 심해지는 문제가 발생합니다. 핵심 정리노트에는 기출문제 발문과 지문이 의도하는 방식대로 접근할 때 부각되는 정보들을 주관식으로 정리하는 표 채우기 문제가 다수 있습니다. 이 문제들은 실제 시험장에서 문제를 풀 때 파악해야만 하는 핵심 정보를 논리적으로 일관성 있게 정리하는 연습을 위한 것입니다. 지문에 접근하는 방향이 제대로 잡히면 정답에 도달하는 길이 매우 명확하게 보이는데, 핵심 정리노트를 통해 스스로를 점검하고, 전략적인 독해를 위한 접근법을 수립하면서 자신감을 얻으시면 좋겠습니다.

3. 문제 해결에 필요하지 않은 정보는 내려놓는 연습을 합니다.
핵심 정리노트를 쓰는 훈련을 통해 나타날 수 있는 가장 큰 변화는 '내려놓기'에 익숙한 마인드를 갖추는 것입니다. 핵심 정리노트 표에 정보를 옮기기 위해서는 논리적으로 일관된 기준을 잡을 수 있어야 합니다. 지문에 나열되어 있는 무수한 정보 중에서 어떤 것이 핵심 기준인지 파악하는 것에 익숙해진다면, 문제 해결에 크게 중요하지 않은 정보들을 갈등하지 않고 내려놓는 것이 쉬워집니다. 이렇게 되기 위해서는 문단 정리부터 논증, 설명 지문 정리를 거쳐 시험지에 있는 그림을 활용하는 정리까지 다양한 연습을 지속적으로 하면서 몸으로 익히는 수밖에 없습니다. 이 과정은 결코 헛되지 않으며, 결국 시험지를 내 편으로 만들어 LEET 고득점을 달성하는 데 도움을 줄 것입니다.

이 교재는 특별히 양치기에서 효과를 보지 못한 학생들이 꼭 풀어봤으면 합니다. 각종 국가고시의 많은 기출문제를 두루 풀어보았음에도 변화가 없다면, 내가 지문을 어떤 방식으로 읽고 있는지 혹은 시험지에 접근하는 방향이 적절했는지부터 검토할 필요가 있습니다. 핵심 정리노트는 스스로 본인의 독해습관을 점검하고, 법학적성시험이 요구하는 방식에 맞는 실전 독해법을 익히는 데에 도움이 되는 교재입니다.

LEET 언어이해에서 여러분이 성장할 수 있는 구체적인 길을 제안하고자 했습니다. 여러분의 한 해가 알차게 꾸려질 수 있도록, 값진 노력이 성장으로 결실을 맺을 수 있도록, 저와 문덕윤언어연구소의 연구원들은 각자의 자리에서 최선을 다하겠습니다.

문덕윤

목차

언어이해 고득점을 위한 이 책의 활용법 6
핵심 정리노트 사용법 Q&A 8
기간별 맞춤 학습 플랜 10
언어이해 고득점 가이드 12

PART 01 문단 정리 20
PART 02 논증 지문 정리 34
PART 03 논쟁 지문 정리 46
PART 04 설명 지문 정리 60
PART 05 그림이 있는 지문 정리 72
PART 06 산만한 지문 정리 84

정답 및 해설 98

언어이해 고득점을 위한 **이 책의 활용법**

01 최신 출제 경향을 파악하여 시험을 전략적으로 대비한다.

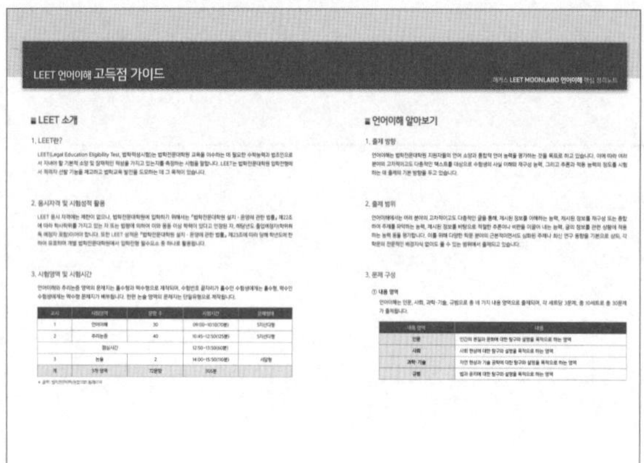

LEET 언어이해 고득점 가이드

■ LEET 소개

■ 언어이해 알아보기

· 최신 기출문제를 포함한 역대 기출문제의 출제 경향 및 유형을 학습하여 언어이해에 대한 이해를 높이고 효과적으로 LEET 언어이해를 대비할 수 있습니다.

02 맞춤 학습 플랜으로 최적의 학습 기간을 설정한다.

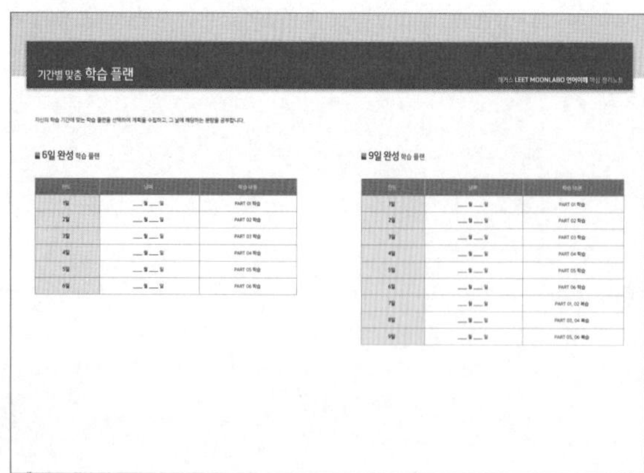

기간별 맞춤 학습 플랜

■ 6일 완성 학습 플랜

■ 9일 완성 학습 플랜

· 6일 완성, 9일 완성의 2가지 맞춤 학습 플랜 중 자신의 상황에 맞는 플랜을 따라하기만 하면 단기간에 학습 효과를 극대화할 수 있습니다.

언어이해 전문가의 일대일 독해 티칭으로 독해습관을 교정 받는 효과를 극대화한다.

- 문제를 풀고 스스로 지문을 정리한 뒤 본인의 노트와 선생님의 완성된 노트를 비교함으로써, 혼자 공부하더라도 선생님 바로 옆에 앉아 일대일로 독해습관을 교정 받는 효과를 낼 수 있습니다.
- 분석 및 접근법이 제시되어 있어 문제의 출제 의도와 효과적인 풀이법을 명확하게 파악할 수 있습니다.
- 모든 선택지에 이해하기 쉽게 정답 및 오답의 상세한 이유가 제시되어 있어 꼼꼼히 학습할 수 있을 뿐만 아니라 자신의 약점도 극복할 수 있습니다.
- '로준생의 궁금증 해결하기'로 로스쿨 준비생들이 문제에 대해 가장 많이 묻는 질문과 그에 대한 저자 선생님의 명쾌한 답변을 확인할 수 있어 헷갈리는 부분을 완벽하게 짚고 넘어갈 수 있습니다.

핵심 정리노트 **사용법 Q&A**

핵심 정리노트를 작성할 때에는 **문제에서 무엇을 묻고 있는지**를 중심으로 작성하는 것이 중요합니다. 즉 모든 정보를 단순하게 요약하듯 정리하는 것이 아니라, 지문의 핵심 기준과 문제의 발문과 선택지를 염두에 두고 작성해야 한다는 것입니다.

그리고 작성한 핵심 정리노트가 너무 짧거나 간단한 것은 아닌가는 걱정하지 않아도 됩니다. 중요한 것은 **글쓴이의 기준, 글쓴이가 말하고자 하는 방향에서 지문을 파악했는지 체크하는 것**이지 핵심 정리노트의 분량이 아니기 때문입니다.

핵심 정리노트를 작성하다 보면 본인이 지문을 읽을 때 어떤 부분을 이해하였고, 어떤 부분을 놓쳤는지가 적나라하게 드러납니다. 이렇게 **스스로의 문제풀이 과정을 점검하는 과정**을 겪으면서 본인이 지문과 발문에 주목하였는지, 아니면 그저 본인이 관심이 가는 부분에 집중했는지를 알 수 있습니다.

핵심 정리노트 작성의 목표는 **스스로의 약점을 파악하고 보완하여 LEET 고득점을 달성하는 것**이기에, 다음의 핵심 정리노트 조언을 참고하여 학습하기를 권해드립니다.

핵심 정리노트를 쓰는 게 왜 좋아요? 꾸준히 작성하면 정말 도움이 되나요?

손으로 직접 핵심 정리노트를 하나하나 쓰다보면 스스로를 객관적으로 관찰할 수 있습니다. 핵심 정리노트를 작성하면 '내 눈에 보였던 부분'과 '내 눈에는 보이지 않았지만, 문제 풀이에 중요했던 부분'을 명확히 알 수 있기 때문에, 본인의 독해습관을 점검하는 데 큰 도움이 됩니다. '와, 너무 어려워서 이해가 하나도 안 가'라고 생각했던 부분이 사실 문제풀이에는 중요하지 않은 부분일 수도 있고, 혹은 분명 지문을 읽을 때는 이해한 것 같았던 부분이 막상 핵심 정리노트를 쓰려고 하면 막힐 수도 있습니다. 이 모든 것을 점검할 수 있도록 하는 것이 핵심 정리노트입니다.

핵심 정리노트는 언제 쓰는 것이 좋은가요?

핵심 정리노트는 문제를 풀고 난 후에 작성해야 합니다. 즉 문제를 풀 때 메모하듯이 작성하는 것이 아니라, 문제를 먼저 다 풀고 난 뒤 작성하는 것입니다. 또한 직접 핵심 정리노트를 작성한 뒤에는 선생님의 완성된 핵심 정리노트와 비교해 보며 지문을 이상하게 읽지는 않았는지, 혹시 중요 쟁점을 놓친 부분은 없었는지 스스로의 독해를 되돌아보는 시간을 가지는 것이 중요합니다.
핵심 정리노트는 기본강의 외에 따로 공부하는 책이기에 예습과 복습 모두에 활용할 수 있습니다. 혹시 핵심 정리노트 작성이 너무 낯설다면, 강의를 먼저 수강한 후 복습 차원에서 핵심 정리노트를 쓰셔도 좋습니다. 문제를 먼저 풀고 강의를 수강한 후 직접 핵심 정리노트를 작성한 뒤, 완성된 핵심 정리노트와 비교해보면서 복습을 하는 것입니다. 핵심 정리노트 작성에 점차 익숙해진 뒤에는, 강의 수강하기 전 문제를 풀고 난 후 핵심 정리노트를 쓰면서 예습하시고, 강의 수강 후 완성된 핵심 정리노트와 비교해보면서 복습하시면 됩니다.

지문은 어느 정도 이해한 것 같은데 정작 문제를 자꾸 틀려서 답답합니다. 지문은 잘 읽고 이해도 한 것 같았는데, 정작 답을 고를 때 선택지 몇 개 사이에서 시간을 많이 쓰게 되어 고민입니다.

그럴 땐, 먼저 지문의 핵심이 되는 기준을 파악했는지 핵심 정리노트를 통해 점검할 필요가 있습니다. 지문의 맥락을 어느 정도 이해한 것 같은데 막상 선택지에서 망설여진다면, 지문의 핵심 기준이 아니라 그저 느낌으로 문제를 풀이했을 가능성이 큽니다. 이 경우에는 지문의 핵심 기준이 아닌, 스스로 중요하다 생각한 기준으로 문제를 풀고 있지는 않은지 점검할 필요가 있습니다.
또한 핵심 정리노트를 작성하다 보면, 선택지를 판단할 때 어떤 이유에서 시간을 많이 쓰고 있는지도 스스로 돌아볼 수 있습니다. 매력적인 오답과 정답 사이에서 헤맸는지, 혹은 특정 문장 때문에 헤맸는지, 아니면 주-술 관계를 파악할 때 오류가 있었는지 등을 점검하여 본인의 문제풀이 습관을 점검할 수 있습니다.

전반적으로 지문 자체가 잘 이해되지 않습니다. 너무 어렵고 무엇을 말하고 있는지 전체적인 흐름 자체가 잡히지 않아 고민입니다.

이 경우에는 핵심 정리노트를 직접 손으로 써보면서 본인이 지문의 흐름을 어느 정도 파악했는지 스스로 검토하는 작업이 필요합니다. 핵심 정리노트는 본인이 지문에 접근할 때, 글쓴이가 의도한 방향과 지문의 핵심 기준이 아닌 '내'가 중심이 되어 내가 이해했다고 느꼈던 것 혹은 내 기억에 남는 것 위주로 독해하고 있지는 않았는지를 점검할 때 활용할 수 있습니다. 예를 들어 나는 핵심 정리노트를 잘 썼다고 생각했지만 완성된 핵심 정리노트와 비교해서 너무 차이가 날 경우에, 핵심 정리노트는 어떤 부분이 다른지 그리고 왜 다른지를 검토할 수 있게 하기 때문에 이를 고쳐 나가는 데 도움이 됩니다. 문제의식을 가져야 해결책도 보이기 마련입니다.
그리고 핵심 정리노트를 쓸 때 주로 막히는 소재나 구조가 있다면, 그곳이 바로 본인의 약점임을 인지하고 개선해나가면 됩니다. 핵심 정리노트는 이러한 약점을 찾아 보완하는 데 도움을 줍니다. LEET 고득점을 위해서는 본인의 부족한 부분을 정확히 인식하고, 다음에 동일한 소재와 구조를 만났을 경우 어떻게 접근하면 좋을지 구체적인 전략을 세우는 것이 중요하기 때문입니다.

저는 혼자 인강을 들으면서 공부하고 있는데, 핵심 정리노트는 복습할 때 작성하면 되는 건가요? 독학을 하다 보니, 잘 하고 있는 건지 모르겠습니다.

해커스로스쿨에 핵심 정리노트 인터넷 강의가 있습니다. 이 강의는 교재에 실린 모든 지문을 대상으로 선생님이 직접 밑줄을 긋고 문제를 푼 다음 핵심 정리노트를 어떤 방식으로 쓰는지 보여주는 형식으로 진행되기에, 비록 혼자 공부하더라도 선생님 바로 옆에 앉아 일대일로 독해법을 교정 받는 효과를 볼 수 있습니다. 더불어 기본이론 강의를 수강하면서 본 책을 함께 공부한다면, 보다 쉽게 문제의 구성을 이해하는 데 도움이 될 것입니다.

기간별 맞춤 학습 플랜

자신의 학습 기간에 맞는 학습 플랜을 선택하여 계획을 수립하고, 그 날에 해당하는 분량을 공부합니다.

6일 완성 학습 플랜

진도	날짜	학습 내용
1일	___ 월 ___ 일	PART 01 학습
2일	___ 월 ___ 일	PART 02 학습
3일	___ 월 ___ 일	PART 03 학습
4일	___ 월 ___ 일	PART 04 학습
5일	___ 월 ___ 일	PART 05 학습
6일	___ 월 ___ 일	PART 06 학습

9일 완성 학습 플랜

진도	날짜	학습 내용
1일	___ 월 ___ 일	PART 01 학습
2일	___ 월 ___ 일	PART 02 학습
3일	___ 월 ___ 일	PART 03 학습
4일	___ 월 ___ 일	PART 04 학습
5일	___ 월 ___ 일	PART 05 학습
6일	___ 월 ___ 일	PART 06 학습
7일	___ 월 ___ 일	PART 01, 02 복습
8일	___ 월 ___ 일	PART 03, 04 복습
9일	___ 월 ___ 일	PART 05, 06 복습

언어이해 고득점 가이드

LEET 소개

1. LEET란?

LEET(Legal Education Eligibility Test, 법학적성시험)는 법학전문대학원 교육을 이수하는 데 필요한 수학능력과 법조인으로서 지녀야 할 기본적 소양 및 잠재적인 적성을 가지고 있는지를 측정하는 시험을 말합니다. LEET는 법학전문대학원 입학전형에서 적격자 선발 기능을 제고하고 법학교육 발전을 도모하는 데 그 목적이 있습니다.

2. 응시자격 및 시험성적 활용

LEET 응시 자격에는 제한이 없으나, 법학전문대학원에 입학하기 위해서는 『법학전문대학원 설치 · 운영에 관한 법률』 제22조에 따라 학사학위를 가지고 있는 자 또는 법령에 의하여 이와 동등 이상 학력이 있다고 인정된 자, 해당년도 졸업예정자(학위취득 예정자 포함)이어야 합니다. 또한 LEET 성적은 『법학전문대학원 설치 · 운영에 관한 법률』 제23조에 따라 당해 학년도에 한하여 유효하며 개별 법학전문대학원에서 입학전형 필수요소 중 하나로 활용됩니다.

3. 시험영역 및 시험시간

언어이해와 추리논증 영역의 문제지는 홀수형과 짝수형으로 제작되며, 수험번호 끝자리가 홀수인 수험생에게는 홀수형, 짝수인 수험생에게는 짝수형 문제지가 배부됩니다. 한편 논술 영역의 문제지는 단일유형으로 제작됩니다.

교시	시험영역	문항 수	시험시간	문제형태
1	언어이해	30	09:00~10:10(70분)	5지선다형
2	추리논증	40	10:45~12:50(125분)	5지선다형
점심시간			12:50~13:50(60분)	
3	논술	2	14:00~15:50(110분)	서답형
계	3개 영역	72문항	305분	

※ 출처: 법학전문대학원협의회 홈페이지

언어이해 알아보기

1. 출제 방향

언어이해는 법학전문대학원 지원자들의 언어 소양과 통합적 언어 능력을 평가하는 것을 목표로 하고 있습니다. 이에 따라 여러 분야의 고차적이고도 다층적인 텍스트를 대상으로 수험생의 사실 이해와 재구성 능력, 그리고 추론과 적용 능력의 정도를 시험하는 데 출제의 기본 방향을 두고 있습니다.

2. 출제 범위

언어이해에서는 여러 분야의 고차적이고도 다층적인 글을 통해, 제시된 정보를 이해하는 능력, 제시된 정보를 재구성 또는 종합하여 주제를 파악하는 능력, 제시된 정보를 바탕으로 적절한 추론이나 비판을 이끌어 내는 능력, 글의 정보를 관련 상황에 적용하는 능력 등을 평가합니다. 이를 위해 다양한 학문 분야의 근본적이면서도 심화된 주제나 최신 연구 동향을 기본으로 삼되, 각 학문의 전문적인 배경지식 없이도 풀 수 있는 범위에서 출제되고 있습니다.

3. 문제 구성

① 내용 영역

언어이해는 인문, 사회, 과학·기술, 규범으로 총 네 가지 내용 영역으로 출제되며, 각 세트당 3문제, 총 10세트로 총 30문제가 출제됩니다.

내용 영역	내용
인문	인간의 본질과 문화에 대한 탐구와 설명을 목적으로 하는 영역
사회	사회 현상에 대한 탐구와 설명을 목적으로 하는 영역
과학·기술	자연 현상과 기술 공학에 대한 탐구와 설명을 목적으로 하는 영역
규범	법과 윤리에 대한 탐구와 설명을 목적으로 하는 영역

② 인지 활동 유형

언어이해는 지문에 따른 문제들을 '주제, 구조, 관점 파악', '정보의 확인과 재구성', '정보의 추론과 해석', '정보의 평가와 적용' 등의 인지 활동 유형에 따라 독해 능력을 균형 있게 평가할 수 있게 출제됩니다. 언어이해에서 주로 출제되는 인지 활동 유형의 종류와 특징은 다음과 같습니다.

인지 활동 유형	내용
주제, 요지, 구조 파악	지문 전체 또는 부분의 주제, 중심 생각과 요지를 파악할 수 있는지 묻는 유형
의도, 관점, 입장 파악	글쓴이 또는 지문에 소개된 인물이 가진 의도, 관점, 입장, 태도를 파악할 수 있는지 묻는 유형
정보의 확인과 재구성	지문에 나타난 정보 및 정보의 관계를 정확히 파악하여 다른 표현으로 재구성할 수 있는지 묻는 유형
정보의 추론과 해석	지문에 제시된 정보를 바탕으로 새로운 정보를 추론할 수 있는지 묻는 유형
정보의 평가와 적용	지문에 제시된 논증이나 설명의 타당성을 평가하거나 지문에 소개된 원리를 새로운 사례나 상황에 적용할 수 있는지 묻는 유형

최신 출제 경향

1. 분야별 분류

분야	2023		2024		2025	
인문	3	철학2 역사1	3	철학2 역사1	3	철학2 역사1
사회	2	사회학1 경제학1	2	정치학1 경제학1	2	정치학1 경제학1
규범	2	법철학2	2	법철학1 민법1	2	기초법학1 실무법학1
문학예술	1	신유형 (가)평론 (나)작품	1	평론	1	예술
과학기술	2	생물학1 우주과학1	2	정보기술1 의과학1	2	생물학1 기술1

2. 세부 구성

문항	2023		2024		2025	
1세트	법학	판사의 진술함	법학	법학의 학문성 논쟁	법학	법과 문학의 상호작용
2세트	인문	도덕적 고려의 기준	과학	개인정보 비식별화 기술	과학	포르피린증
3세트	과학	단백질	사회	투표율	역사	서양고대사 : 소년애
4세트	인문	미국 역사학의 주요 입장	인문	진리 논증	사회	사법심사와 정치
5세트	사회	나이의 정치적 효과	사회	가치와 가격	철학	공리주의 논쟁
6세트	문학	이민선 평론	문학	시적 진실	사회	솔로우 성장모형
7세트	사회	제도가능곡선 모델	인문	박세당, 예송변	법학	보조생식술과 잔여배아
8세트	인문	헤겔의 '낭만적인 것'	과학	광역학 치료	철학	플라톤 저작 해석
9세트	과학	중력파 검출	인문	흄의 논증에 대한 해석	기술	데이터베이스 트랜잭션
10세트	법학	법과 폭력의 관계	법학	자녀면접교섭에 대한 협약	예술	희곡과 공연의 관계

언어이해 고득점 가이드

3. 2025 언어이해 체크포인트

① 인문학을 덮어쓴 지문들 & 운영하기 편한 시험지 구성

올해 시험지를 받았을 때 첫인상은 "인문학이 대체 몇 개야?"였습니다. 1세트부터 범죄소설 지문이 등장했고, 2세트는 흡혈귀와 조지 3세가 나와 역사인 척을 하다가 포르피린증으로 넘어갑니다. 그리고 3세트에서는 그리스와 로마의 소년애가 나옵니다. 그냥 읽어도 흥미로운 주제들이죠? 이렇게 초반에 친근한 소재가 등장하면 수험자 입장에서는 행운의 여신이 나에게 미소 짓는 것 같습니다. 그럴 때 자신감 있게 치고 들어가면 점수가 올라갑니다. 2024년도 언어이해는 어땠었죠? 1세트에서 알베르트와 사비니가 난해한 용어로 법학의 학문성에 대한 추상적인 논쟁을 하고, 2세트에서는 빅데이터를 비식별화하는 기술을 소개하면서 전문 용어가 난무합니다. 이렇게 두 세트를 만나고 "나 오늘 안 되나보다. 처음부터 되는 게 없네."하는 생각에 사로잡히면서 시험을 망가트린 사람들이 많았습니다. 그런 점에서 2025학년도는 확실히 친절한 시험지였습니다. 오답률 TOP5에 기술 지문인 9세트 25, 26, 27번이 모두 들어간 것은 막판에 시간이 부족했던 학생들이 별다른 갈등 없이 9세트를 던졌기 때문으로 보입니다. 이로써 효율적으로 시간을 쓰게 되어 총점이 올라가는 데 기여했을 것입니다.

② 여러 명이 등장하거나, 경우의 수가 복잡하거나

2025 언어이해는 산만해 보이는 지문이 꽤 나왔습니다. 1세트에서는 여섯 편의 문학 작품과 네 명의 작가가 등장합니다. 중간에는 작품의 등장인물까지 언급되어서 구분하면서 읽지 않았다면 두 번 읽어야 할 수도 있었을 겁니다. 3세트에서는 7번 문제가 다섯 명이 의견을 표명할 것이라는 예고를 하고 있고, 4세트의 10번 문제는 지문에 네 개의 모델이 나온다고 하고, 8세트에는 다섯 명이 등장해 소크라테스의 저작에 대한 해석을 합니다. 한눈에 구조가 들어오지 않는 지문을 읽고 문제를 해결하는 훈련이 필요한 문제들이죠. 획일적 사고를 지양하고 상황에 따라 고려할 조건에 맞는 판단을 하는 능력이 있는지 측정하고자 하는 것은 LEET의 평가 목표에 부합하는 방식이기에, 이런 구성은 언어이해 공부에서 기본으로 강화시켜야 하는 역량으로 보입니다. 올해 파이널 수강생들이 수업 시간에 산만한 지문을 따라가는 연습을 할 때 힘들었는데 본고사 때 나와서 반가웠다고 이야기한 것도 방향에 맞는 훈련의 결과물입니다.

③ 그림, 표, 그래프의 비중은 2024와 동일

2023년도에는 10지문 중 3지문에서 시각 자료를 적극적으로 활용한 문제가 나왔습니다(15번 나이의 정치적 효과 모형 분석 문제, 19~21번 정책가능곡선 지문의 그래프, 25~27번 중력파 발견 지문의 라이고 모형 및 27번 보기에 제시된 그래프). 이런 경향은 2024년도에도 유지되어 10지문 중 4지문에서 시각 자료가 등장했고, 문항을 구성할 때 더 적극적으로 응용한 패턴을 확인할 수 있었습니다(6번 보기에 제시된 데이터 집합을 정리한 표, 9번 보기에 등장한 수식, 13~15번 지문에 삽입된 그림, 23번 보기의 실험 내용을 정리한 표). 그리고 수월해진 난이도과 별개로 자료의 개수는 10지문 중 4지문으로 동일하게 유지되었습니다. 2025 파이널 모의고사를 구성할 때 가장 신경 썼던 경향이 바로 "시각자료의 처리 훈련"이었습니다. 풀이하는 데 시간을 많이 쓰기도 하고, 접근법이 숙달되어 있는지에 따라 정답률이 극적으로 달라지는 유형이라 변별력을 확실하게 가져갈 수 있기에 출제하는 쪽에서는 선호할 수밖에 없습니다. 올해 시험에서 총점에 가장 크게 영향을 미친 유형들이었습니다.

4. 결론

2025 언어이해는 작년보다는 수월했습니다. 하지만 모든 수험생에게 내가 본 시험지는 중요하고 어려운 시험지일 것입니다. 일년간 갈고닦은 역량이 시험장에서 부족함 없이 발휘되어 후회 없이 시험을 치르고 나오신 분도 있지만, 준비한 만큼 실력을 발휘하지 못해 진한 아쉬움이 남은 분도 계실 것입니다. 시험 치르고 나오신 모든 수험생 여러분의 수고에 경의를 표합니다.

■ 대비 전략

1. 시험 문제에 대한 분석이 선행되어야 합니다.

언어이해는 폭넓은 소재의 지문을 통해 독해력과 사고력을 측정하는 적성 시험입니다. 그렇기 때문에 시험의 특징과 출제 경향에 대해 정확히 파악하고, 그에 따라 전략적으로 대비하는 것이 중요합니다. 따라서 실제 언어이해 시험 문제가 어떻게 구성되어 있고, 어떤 소재가 출제되는지, 어떤 유형의 문제가 출제되는지 등을 분석하여 시험의 특징을 파악해야 합니다.

2. 기본적인 독해력과 사고력을 키워야 합니다.

언어이해에서는 지문의 소재가 다양하게 출제되므로 다양한 소재의 글을 읽고 정확히 이해할 수 있어야 합니다. 이에 따라 꾸준한 독서와 독해 연습을 통해 글의 구조를 이해하고, 구조독해 이론을 통해 글에서 묻고자 하는 바와 출제 의도에 따라 글을 이해하는 연습을 해야 합니다.

3. 시간 관리를 하는 연습을 해야 합니다.

언어이해는 70분 동안 30문항을 풀어야 하는 시험이므로 시험 시간이 촉박하게 느껴질 수 있습니다. 따라서 언어이해에서 고득점을 획득하기 위해서는 독해 연습뿐만 아니라 시간 관리를 철저히 하여야 합니다. 이를 위해 평소 시간 제한을 두고 문제를 풀어보면서 실전에서 당황하지 않기 위한 훈련을 해야 합니다.

PART 01

문단 정리

01. 다음 글에서 전파를 개념화하는 데 사용한 기준은 무엇인가?

14 LEET

스마트폰이 등장하면서 모바일 무선 통신은 우리의 삶에서 없어선 안 될 문명의 이기가 되었다. 모바일 무선 통신에 사용되는 전파는 눈에 보이지 않아 실감하기 어렵지만, 가시광선과 X선이 속하는 전자기파의 일종이다. 전파는 대기 중에서 초속 30만 km로 전해지는데, 이는 빛의 속도(c)와 정확히 일치한다. 전파란 일반적으로 '1초에 약 3천~3조 회 진동하는 전자기파'를 말한다. 1초 동안의 진동수를 '주파수(f)'라 하며, 1초에 1회 진동하는 것을 1 Hz라고 한다. 따라서 전파는 3 kHz에서 3 THz의 주파수를 갖는다. 주파수는 파동 한 개의 길이를 의미하는 '파장(λ)'과 반비례 관계에 있다. 즉, 주파수가 높을수록 파장은 짧아지며, 낮을수록 파장은 길어진다. 전자기파의 주파수와 파장을 곱한 수치($c=f\lambda$)는 일정하며, 빛의 속도와 같다.

* 1 THz = 1,000 GHz, 1 GHz = 1,000 MHz, 1 MHz = 1,000 kHz, 1 kHz = 1,000 Hz

( )

[02~03] 다음은 윗글에 이어지는 문단이다. 글을 읽고 물음에 답하시오.

14 LEET

모바일 무선 통신에서 가시광선이나 X선보다 주파수가 낮은 전파를 쓰는 이유는 정보의 원거리 전달에 용이하기 때문이다. 주파수가 높은 전자기파일수록 직진성이 강해져 대기 중의 먼지나 수증기에 의해 흡수되거나 산란되어 감쇠되기 쉽다. 반면, 주파수가 낮은 전파는 회절성과 투과성이 뛰어나 장애물을 만나면 휘어져 나가고 얇은 벽을 만나면 투과하여 멀리 퍼져 나갈 수 있다. 3 kHz~3 GHz 대역의 주파수를 갖는 전파 중 0.3 MHz 이하의 초장파, 장파 등은 매우 먼 거리까지 전달될 수 있으므로 해상 통신, 표지 통신, 선박이나 항공기의 유도 등과 같은 공공적 용도에 주로 사용된다. 0.3~800 MHz 대역의 주파수는 단파 방송, 국제 방송, FM 라디오, 지상파 아날로그 TV 방송 등에 사용된다. 800 MHz~3 GHz 대역인 극초단파가 모바일 무선 통신에 주로 사용되며 '800~900 MHz 대', '1.8 GHz 대', '2.1 GHz 대', '2.3 GHz 대'의 네 가지 대역으로 나뉜다. 스마트폰 시대에 들어서면서 극초단파 대역의 효율적인 주파수 관리의 중요성이 더욱 커지고 있다. 3 GHz 이상 대역의 전파는 직진성이 매우 강해져 인공위성이나 우주 통신 등과 같이 중간에 장애물이 없는 특별한 경우에 사용된다.

모바일 무선 통신에서 극초단파를 사용하는 이유는 0.3~800 MHz 대역에 비해 단시간에 더 많은 정보의 전송이 가능하기 때문이다. 예로 1비트의 자료를 전송하는 데 4개의 파동이 필요하다고 하자. 1 kHz의 초장파는 초당 1,000개의 파동을 발생시키기 때문에 매초 250 비트의 정보만을 전송할 수 있지만, 800 MHz 초단파의 경우 초당 8억 개의 파동을 발생시키므로 매초 2억 비트의 정보를, 1.8 GHz 극초단파는 초당 4.5억 비트에 해당하는 대량의 정보를 전송할 수 있다. 극초단파의 원거리 정보 전송 능력의 취약성을 극복하기 위해 모바일 무선 통신에서는 반경 2~5 km 정도의 좁은 지역의 전파만을 송수신하는 무선 기지국들을 가능한 한 많이 설치하고, 이 무선 기지국들을 다시 유선으로 연결하여 릴레이 형식으로 정보를 전송함으로써 통화 사각지대를 최소화한다. 모바일 무선 통신과 더불어 극초단파를 사용하는 지상파 디지털 TV 방송에서도 가능한 한 높은 위치에 전파 송신탑을 세워 전파 진행 경로상의 장애물을 최소화하려고 노력한다.

02. 아래의 03번 문제가 무엇을 묻고 있는지 감안하여 윗글에 나열된 정보를 정리하시오.

주파수				
파장	( ) ←→ ( )			
성질	( ) ←→ ( )			
용도				

03. 선택지의 적절성을 (O, X)로 판단하시오.

① 직진성이 약한 전파일수록 단위 시간당 정보 전송량은 많아진다. (O, X)
② 1.8 GHz 대 전파는 800~900 MHz 대 전파보다 회절성과 투과성이 약하다. (O, X)
③ 3 GHz 이상 대역은 정보의 원거리 전송 능력이 커서 우주 통신에 이용된다. (O, X)
④ 모바일 무선 통신에서 낮은 주파수를 사용할수록 더 많은 기지국이 필요하다. (O, X)
⑤ 지상파 디지털 TV 방송은 지상파 아날로그 TV 방송보다 높은 주파수 대역을 사용한다. (O, X)

[04~05] 다음 글을 읽고 물음에 답하시오.

15 LEET

가장 효율적인 자원배분 상태, 즉 '파레토 최적' 상태를 달성하려면 모든 최적 조건들이 동시에 충족되어야 한다. 파레토 최적 상태를 달성하기 위해 n개의 조건이 충족되어야 하는데, 어떤 이유로 인하여 어떤 하나의 조건이 충족되지 않고 n-1개의 조건이 충족되는 상황이 발생한다면 이 상황이 n-2개의 조건이 충족되는 상황보다 낫다고 생각하기 쉽다. 그러나 립시와 랭커스터는 이러한 통념이 반드시 들어맞는 것은 아님을 보였다. 즉 하나 이상의 효율성 조건이 이미 파괴되어 있는 상태에서는 충족되는 효율성 조건의 수가 많아진다고 해서 경제 전체의 효율성이 더 향상된다는 보장이 없다는 것이다. 현실에서는 최적 조건의 일부는 충족되지만 나머지는 충족되지 않고 있는 경우가 일반적이다. 이 경우 경제 전체 차원에서 제기되는 문제는 현재 충족되고 있는 일부의 최적 조건들을 계속 유지하는 것이 과연 바람직한가 하는 것이다. 하나의 왜곡을 시정하는 과정에서 새로운 왜곡이 초래되는 것이 일반적 현실이기 때문에, 모든 최적 조건들을 충족시키려고 노력하는 것보다 오히려 최적 조건의 일부가 항상 충족되지 못함을 전제로 하여 그러한 상황에서 가장 바람직한 자원배분을 위한 새로운 조건을 찾아야 한다는 과제가 제시된다. 경제학에서는 이러한 문제를 차선(次善)의 문제라고 부른다.

04. 차선의 문제에 대한 이해로 적절하지 않은 것은?

① 파레토 최적 조건들 중 하나가 충족되지 않을 때라면, 나머지 조건들이 충족된다고 하더라도 차선의 효율성이 보장되지 못한다.
② 전체 파레토 조건 중 일부가 충족되지 않은 상황에서 차선의 상황을 찾으려면 나머지 조건들의 재구성을 고려해야 한다.
③ 주어진 전체 경제상황을 개선하는 과정에서 기존에 최적 상태를 달성했던 부문의 효율성이 저하되기도 한다.
④ 차선의 문제가 제기되는 이유는 여러 경제부문들이 독립적이지 않고 서로 긴밀히 연결되어 있기 때문이다.
⑤ 경제개혁을 추진할 때 비합리적인 측면들이 많이 제거될수록 이에 비례하여 경제의 효율성도 제고된다.

05. 윗글의 구조를 정리하시오.

	파레토 최적	차선의 문제
차이점		
공통점		

통념	립시와 랭커스터

[06~08] 다음 글을 읽고 물음에 답하시오.

09 LEET

헤겔의 예술론은 예술에 대한 부정적 결론, 즉 '예술의 종언' 명제로 요약된다. 헤겔 미학의 핵심은 두 가지이다. 첫째, 그는 예술을 '이념의 감성적 현현(顯現)', 즉 절대적 진리의 구체적 형상화로 규정한다. 그는 지고의 가치인 진리를 예술의 내용으로 규정함으로써 예술을 종교, 철학과 함께 인간 정신의 최고 영역에 포함시킨다. 이는 예술이 헛된 가상이거나 감성적 도취 또는 광기의 산물이어서 정신의 최고 목표인 진리 매개가 절대 불가능하다는 플라톤의 판정으로부터 예술을 방어할 수 있는 매력적인 논변일 수 있다. 둘째, 그럼에도 헤겔의 최종적인 미학적 결론은 오히려 이와 모순되는 것처럼 보인다. 그는 "우리에게 예술은 더 이상 진리가 실존하는 최고의 방식이 아니다. …… 물론 우리는 예술이 더 융성하고 완전하게 되기를 바랄 수 있다. 그러나 예술의 형식은 더 이상 정신의 최고 욕구가 아니다."라고 말한다.

중요한 것은 이 두 주장이 묘한 인과관계에 있다는 것이다. 즉 이 둘을 하나로 묶으면 ㉠ '예술은 진리 매개가 그것의 과제이기 때문에 종말을 맞는다'가 된다. 다분히 역설적으로 보이는 이러한 예술관을 이해하기 위한 열쇠는 헤겔이 예술의 내용과 형식으로 각각 설정한 '진리'와 '감성'의 상관관계에 있다. 객관적 관념론자인 그는 진리란 '우주의 근본 구조로서의 순수하고 완전한 논리', 즉 '이념'이므로, 그것을 참되게 매개하는 정신의 형식은 바로 그 순수 논리에 대응하는 '순수한 이성적 사유'라고 생각한다. 따라서 그 본질상 감성을 형식으로 하는 예술이 이념을 매개할 수 있는 가능성은 인간 정신의 작동 방식이 근본적으로 감성적이어서 아직 이성적 사유 능력이 제대로 발휘될 수 없었던 먼 과거의 역사적 유년기에 국한되며, 예술이 담당했던 과제가 근대에는 철학으로 이관되었다고 한다. 더욱이 헤겔은 이러한 발전의 방향이 영원히 불가역적이라고 여긴다.

06. ㉠에 대한 설명으로 가장 적절한 것은?

① 예술이 진리 매개라는 목적을 달성하고자 하더라도 정신의 작동 방식이 감성적 단계를 넘어선 시대에는 그 실현 가능성이 없다.
② 예술의 본질은 순수한 심미적 가치의 구현이지만, 진리 매개라는 이질적 목적이 개입함으로써 예술의 자율성이 훼손된다.
③ 예술이 진리 매개를 그것의 유일한 과제로 삼음으로써 주제의 다양화가 원천적으로 불가능하게 된다.
④ 예술이 진리 매개를 추구하여 매우 난해한 행위로 변함으로써 대중과의 소통이 불가능해진다.
⑤ 예술이 진리 매개를 지나치게 지향함으로써 양식적 쇠퇴라는 부정적 결과를 초래한다.

07. 헤겔의 '예술의 종언' 명제를 정리하시오.

고대의 예술	근대의 예술

08. 헤겔이 예술과 철학에 대해 개념화한 내용을 정리하시오.

구분	예술	철학
형식		
내용		

[09~11] 다음 글을 읽고 물음에 답하시오.

16 LEET

펠릭스가 자신의 농장에 대해 에우티치아나(A), 투르보(B), 티티우스(C)에게 순차적으로 저당권을 설정해 준 것이 실질적 법률관계이다. 그런데 A는 C와의 소송에서 자신의 순위를 입증하지 못하여 패소하였고, 판결이 확정되었다. 이후 B와 C 사이에 저당권의 순위에 관한 다툼이 생겨 소송을 하게 되었다. 이 경우에 A를 상대로 승소한 C가 B보다 우선한다고 해야 하는가, 아니면 A는 없다고 생각하고 B의 권리를 C보다 앞에 두어야 하는가? ㉠ 어떤 이들은 C가 우선한다고 주장한다. 하지만 ㉡ 나는 그런 결론이 매우 부당하다고 생각한다. A가 방어를 잘못한 탓에 C에게 패소했다고 하자. 그러면 C가 A에게 승소한 판결의 효력이 B에게 미치는가? 이후에 일어난 B와 C 사이의 소송에서 B가 승소하면 그 판결의 효력이 A에게 미치는가? 나는 아니라고 생각한다. 제3순위자는 제1순위자를 배제시켰다고 해서 자기가 제1순위자가 되는 것은 아니며, 당사자 사이의 판결은 그 소송에 관여하지 않은 이에게 유리하게도 불리하게도 작용하지 않는다. 첫 번째 소송의 판결이 모든 것을 해결하는 것은 아니고, 다른 저당권자의 권리는 손대지 않은 채 남겨져 있는 것이다.

09. 위 논쟁에 대한 추론으로 적절하지 않은 것은?

① B와 C 사이의 소송에서 B는 자신이 C보다 먼저 저당권을 설정하였기 때문에 자신이 선순위자라고 주장하였을 것이다.
② B와 C 사이의 소송에서 C는 A가 B보다 먼저 저당권을 설정하였다는 것을 기초로 하여 자신이 B보다 선순위자라고 주장하였을 것이다.
③ ㉠은 C의 순위가 A에 우선한다는 판결이 B에게는 효력이 없다는 입장이다.
④ ㉡은 A와 C 사이에 내려진 판결이 A, B, C 모두의 순위를 바꾸는 것으로 판결한 것은 아니라는 입장이다.
⑤ ㉠과 ㉡ 모두 A와 C 사이에 내려진 판결의 효력은 인정해야 한다고 전제한다.

10. 윗글의 구조를 정리하시오.

구분	사실관계
A-C	
B-C	

11. 윗글에 드러난 주요 쟁점이 무엇인지 서술하고, ㉠의 주장과 ㉡의 주장을 정리하시오.

주요 쟁점	
㉠의 주장	
㉡의 주장	

[12~13] 다음은 윗글에 이어지는 문단이다. 글을 읽고 물음에 답하시오.

16 LEET

라이프니츠는 위 사안을 다음과 같이 정리하였다. 동일한 부동산에 대한 저당권은 설정한 순서에 따라 우선권이 주어지는 것이 로마법의 원칙이므로, (1) 가장 먼저 설정한 A의 권리는 최우선권을 가지므로 B의 권리에 우선한다. (2) 두 번째로 저당권을 설정한 B의 권리는 C의 권리에 우선한다. 하지만 (3) 판결로 확정된 법률관계는 그것이 진실한 것으로 취급될 수밖에 없으므로 C의 저당권은 A의 저당권에 우선한다. 여기서 (1)과 (3)이 충돌하지만 확정 판결의 효력 때문에 (3)이 우선할 수밖에 없으므로, 유효하게 고려하여야 하는 (2)와 (3)을 가지고 따져보면 순위는 간단히 정리될 수 있다고 보았다.

라이프니츠는 B가 A보다 우위라고 확언할 수 없다는 점에 대해 비판하였다. B가 C보다 앞설 경우에 C가 A보다 앞선다면, B는 A보다 앞서는 것이 당연하다는 것이다. 그리고 B가 C보다 후순위가 된다고 가정하는 것은, 판결의 효력이 소송에 관계하지 않은 이에 영향을 미쳐서는 안 된다는 데 위배되는 상황을 피하지 못하게 되는 설정이 되기 때문에, 허용될 수 없다고 하였다. 라이프니츠는 이러한 결론이 한 번의 패소로 순위가 두 개나 밀리게 만들지만 부당한 것은 아니라고 말한다. 소송을 잘못한 이에게 두 번 불이익을 주는 것이 잘못이 없는 이에게 한 번 불이익을 주는 것보다 낫기 때문이라는 것이다.

12. 라이프니츠의 논증 구조를 정리하시오.

전제	사안의 정리
(1)	
(2)	
(3)	
종합	

라이프니츠의 결론	

13. 라이프니츠의 논증 과정에서 나타나지 않은 것은?

① 저당권의 순위는 B, C, A의 순으로 놓인다는 결론을 내렸다.
② 확정 판결의 효력이 실질적 법률관계에 우선한다는 점을 전제로 삼았다.
③ 저당권의 우선순위는 먼저 설정된 순서로 정해진다는 로마법의 원칙이 부당하다는 것을 확인하였다.
④ A가 제1순위라는 내용과 A가 제1순위가 아니라는 내용의 충돌이 일어나자 그 모순을 해결하였다.
⑤ 권리를 입증하지 못하여 패소한 이가 이후에 자신이 당사자가 아닌 소송의 판결 때문에 거듭 불이익을 받을 수 있다는 결론이 도출되지만, 그것이 부당하지 않다고 보았다.

[14~15] 다음 글을 읽고 물음에 답하시오.

자본 구조가 기업의 가치와 무관하다는 명제로 표현되는 ㉠ 모딜리아니-밀러 이론은 완전 자본 시장 가정, 곧 자본 시장에 불완전성을 가져올 수 있는 모든 마찰 요인이 전혀 없다는 가정에 기초한 자본 구조 이론이다. 이 이론에 따르면, 기업의 영업 이익에 대한 법인세 등의 세금이 없고 거래 비용이 없으며 모든 기업이 완전히 동일한 정도로 위험에 처해 있다면, 기업의 가치는 기업 내부 여유 자금이나 주식 같은 자기 자본을 활용하든지 부채 같은 타인 자본을 활용하든지 간에 어떤 영향도 받지 않는다.

모딜리아니-밀러 이론이 제시된 이후, 완전 자본 시장 가정의 비현실성에 주안점을 두어 법인세 등 기업을 운영하는 과정에서 발생하는 세금, 기업의 파산에 따른 처리 비용 등을 감안하는 상충 이론이 제시되었다. 상충 이론이란 부채의 사용에 따른 편익과 비용을 비교하여 기업의 최적 자본 구조를 결정하는 이론이다. 이러한 편익과 비용을 구성하는 요인들 중 편익으로는 법인세 감세 효과만을, 비용으로는 파산 비용만 있는 경우를 가정하여 이 이론을 설명할 수 있다. 여기서 법인세 감세 효과란 부채에 대한 이자가 비용으로 처리됨으로써 얻게 되는 세금 이득을 가리킨다. 이렇게 가정할 경우 상충 이론은 부채의 사용이 증가함에 따라 법인세 감세 효과에 의해 기업의 가치가 증가하는 반면, 기대 파산 비용도 증가함으로써 기업의 가치가 감소하는 효과도 나타난다고 본다. 이 상반된 효과를 계산하여 기업의 가치를 가장 크게 하는 부채 비율인 최적 부채 비율이 결정되는 것이다.

불완전 자본 시장을 가정하는 상충 이론이 모딜리아니-밀러 이론을 비판한 것에 대하여 밀러는 모딜리아니-밀러 이론을 수정 보완하는 자신의 이론을 제시하였다. 그는 자본 구조의 설명에 있어 파산 비용이 미치는 영향이 미약하여 이를 고려할 필요가 없다고 보았다. 이와 함께 법인세 감세 효과가 기업의 자본 구조 결정에 크게 반영되지는 않는다는 점에 착안하여 자본 구조 결정에 세금이 미치는 효과에 대한 재정립을 시도하였다. 현실에서는 법인세뿐만 아니라 기업에 투자한 채권자들이 받는 이자 소득에 대해서도 소득세가 부과되는데, 이러한 소득세는 채권자의 자산 투자에 영향을 미침으로써 기업의 자금 조달에도 영향을 미칠 수 있다. 밀러는 이러한 현실을 반영하고 채권 시장에서 투자자들의 수요 행태와 기업들의 공급 행태를 정형화하여 경제 전체의 최적 자본 구조 결정 이론을 제시하였다. ㉡ 밀러의 이론에 의하면, 경제 전체의 자본 구조가 최적일 경우에는 법인세율과 이자 소득세율이 정확히 일치함으로써 개별 기업의 입장에서 보면 타인 자본의 사용으로 인한 기업 가치의 변화는 없다. 결국 기업의 최적 자본 구조는 결정될 수 없고 자본 구조와 기업의 가치는 무관하다는 것이다.

14. ㉠과 ㉡의 관계를 설명한 것 중 가장 적절한 것은?

① 파산 비용이 없다고 가정한 ㉠의 한계를 극복하기 위해 ㉡은 파산 비용을 반영하였다.
② 개별 기업을 분석 단위로 삼은 ㉠과 같은 입장에서 ㉡은 기업의 최적 자본 구조를 분석하였다.
③ 기업의 가치 산정에 법인세만을 고려한 ㉠의 한계를 극복하기 위해 ㉡은 법인세 외에 소득세도 고려하였다.
④ 현실 설명력이 제한적이었던 ㉠의 한계를 극복하기 위해 ㉡은 기업의 가치 산정에 타인 자본의 영향이 크다고 보았다.
⑤ 자본 시장의 마찰 요인을 고려한 ㉡은 자본 구조와 기업의 가치가 무관하다는 ㉠의 명제를 재확인하였다.

15. 윗글의 구조를 정리하시오.

이론	모딜리아니-밀러 이론	상충 이론	밀러 이론
가정			
결론			

[16~17] 다음 글을 읽고 물음에 답하시오.

11 LEET

일반적으로 철학적 근대는 감성의 영역으로부터 완전히 벗어난 이성적 자아를 정초한 데카르트에서 출발하여, 주체뿐 아니라 객체의 세계까지도 선험적 이성의 현상태로 규정한 독일 관념론에 이르러 완결된다고 일컬어진다. 그러나 시작과 끝만 보고 이 시대 전체를 이성지상주의의 단선적 질주로 일반화하는 것은 성급한 판단이다. 왜냐하면 근대 철학의 진행 과정에는 이성의 독주에 맞서 감성에 적극적인 의미와 가치를 부여하고자 한 다양한 사조들 역시 유의미한 반대 노선으로 등장했기 때문이다. 그중 1913년에 발견된 후, 후일 「독일 관념론의 가장 오래된 체계 강령」(이하 「강령」)으로 명명된 텍스트는 단연 흥미를 끈다. 왜냐하면 이성지상주의의 결정판으로 불리는 것이 독일 관념론인데, 그 사조의 출발점에 위치하는 이 글에서는 사뭇 다른 입장이 개진되고 있기 때문이다.

「강령」을 이해하기 위해서는 먼저 이 글에서 강하게 감지되는 ㉠ 실러의 정치 미학에 대한 이해가 필요하다. 왜냐하면 "아름다운 세계여, 그대는 어디에 있는가? 다시 오라!"라고 외치는 실러처럼 「강령」의 저자도 고대 그리스에 견줄 수 있는 충만한 미적 차원의 문화를 소망하기 때문이다. 실러의 이러한 생각은 일차적으로는 공포 정치로 극단화된 프랑스 혁명과 인간의 소외가 만연한 시민 사회에 대한 실망에서 나왔으며, 근본적으로는 혁명의 사상적 모태인 계몽주의에 대한 강한 비판 의식에서 비롯된다. 그가 보기에, 계몽주의는 추상적 지성의 계몽에만 경도되어 인간의 소중한 정신 능력들의 조화를 파괴했기 때문에 혁명의 과격화는 필연적이다. 반면 고대 그리스 사람들은 자신이 속한 공동체와 유기적 조화를 이루고 있었는데, 이는 그들의 심성이 감성과 이성의 조화로운 미분리를 유지했기 때문이다. 이에 실러는 현실 정치 영역에서 참된 인륜적 공동체를 구현하기 위해서는 미적 차원의 문화 건설이 선행 조건이라고 생각하며, 이에 따라 인간 심성 자체의 미적 교육, 즉 감성적 충동과 이성적 충동을 화해시키는 '유희 충동'의 계발을 구체적인 전략으로 제시한다.

㉡ 「강령」의 저자는 이러한 정치 미학적 노선을 발전시켜 새로운 신화학이라는 모델을 제안한다. '새로운'이라는 표현이 시사하듯, 그가 지향하는 이상은 계몽을 원천 무효화하는 신화학이 아니라 이성과 감성의 화해, 즉 신화학을 통해 참된 모습으로 변용된 계몽이다. 실러가 소망하는 아름다운 세계의 재림처럼 그가 지향하는 신화학 역시 계몽의 미적 고양을 핵심으로 한다. 더 나아가 「강령」의 저자는 이러한 노선을 무정부주의적 방향으로까지 극단화하여, 신화학이라는 미적 차원의 문화를 참된 현실 정치의 선행 조건으로서가 아니라, 아예 국가의 종식을 통해 이르러야 할 궁극적인 목표 지점으로 구상한다.

16. ㉠과 ㉡에 대한 설명으로 가장 적절한 것은?

① ㉠은 현실 정치를 위한 미적 교육을, ㉡은 무정부주의적 신화학을 모색한다.
② ㉠은 독일 관념론을 위한, ㉡은 계몽주의를 위한 철학적 기초를 마련한다.
③ ㉠은 계몽주의의 지속적 완성을, ㉡은 계몽주의의 근본적 청산을 지향한다.
④ ㉠과 ㉡은 모두 미적 차원의 문화 건설을 노선의 궁극적 목표로 설정한다.
⑤ ㉠과 ㉡은 모두 미적 절대주의를 통해 참된 인륜적 공동체의 건설을 추구한다.

17. ㉠과 ㉡의 의견 구조를 정리하시오.

	㉠ 실러	㉡ 「강령」의 저자
공통점		
차이점		

[18~20] 다음 글을 읽고 물음에 답하시오. 10 LEET

조선시대의 실정법 체계는 한편으로 〈대명률(大明律)〉과 또 한편으로 〈경국대전(經國大典)〉, 〈속대전(續大典)〉 등 국전(國典)의 양대 지주로 편성되어 있었다. 이를 전율(典律) 체제라고 한다. 이러한 체제는 어떻게 형성되었을까? 당초에 조선의 건국자들은 조선을 성문법에 의하여 전일적(全一的)으로 통치하고자 하였다. 그에 따라 국전 편찬을 시작하려 했지만 그 완비까지는 시일이 걸리므로 가장 시급한 과제부터 처리하려 했다. 그것은 형사 사법 체계 혼란의 극복이었다. 조선의 건국자들은 그 해결책으로 기성의 형법을 그대로 가져와 쓰는 방안을 택하였다. 그리하여 명나라에서 만든 형사법인 〈대명률〉이 수용되었는데, 태조의 즉위 교서는 이를 언급하고 있다. 이 〈대명률〉은 보편적인 범죄의 다양한 양상을 일관된 체계 하에 규정하면서도 신분의 차등을 기반으로 하고 있었다.

한편 전 국토에 동일하게 적용되는 성문 법전의 완비에는 시일이 걸렸다. 그 이유는 조선 후기까지 이어진 독특한 법전 편찬 과정에 있었다. 조선시대 제정법의 원천은 왕명이었는데 이를 통상 '수교(受敎)'라고 한다. 보통 관청이 사무 처리에 필요한 사항을 왕에게 보고하고 왕이 이를 승인하면 이것은 당해 관청에 대해서 유효한 입법으로 성립하였다. 그런데 수교는 계속하여 쌓여 갔고, 전후의 수교 간에 그리고 서로 다른 관청에 내려진 수교 간에 충돌하는 문제가 발생하였다. 따라서 법전 편찬은 전 국토의 전일적 지배와 함께 수교 간의 충돌을 해결하기 위하여 필수적으로 요청되는 것이기도 하였다. 각 관청에 내려진 수교 중에서 계속하여 적용할 것을 선택하고 수정하여 육조(六曹)의 행정 체계에 따라 이를 편찬하였다. 이 작업의 최초 결과물은 〈경제육전(經濟六典)〉으로 이것이 최초의 국전이었다. 그 뒤 새로운 수교가 쌓이자 이 수교들을 모아서 〈속육전(續六典)〉을 편찬하였는데 〈경제육전〉과의 충돌 문제가 발생하였다. 이 문제는 고법(古法)인 〈경제육전〉과 모순되는 내용을 삭제하는 것으로 해결하였다. 또한 일시 시행되는 수교를 따로 수록한 국전인 '등록(謄錄)'을 별도로 발간하였다. 그리고 이 두 방식을 이후 법전 편찬의 원칙으로 삼았다. 그러나 〈속육전〉의 증보와 등록의 발간만으로는 수교 간의 충돌 문제가 완전히 해결될 수 없었다. 그리하여 전대의 국전들을 모아서 수정하고 산삭(刪削)하여 이들을 대체하는 법전을 편찬하게 되는데 이것이 〈경국대전〉이다.

18. 조선시대 실정법 체계를 설명한 구조를 정리하시오.

목적	
실현 수단	

19. 전율 체제를 개념화하시오.

대명률	
도입 배경	

국전	
문제점	해결책
(1)	
(2)	①
	②
	③

20. 윗글의 서술과 일치하는 것은?

① 〈경제육전〉과 〈속육전〉은 〈경국대전〉을 보완하였다.
② '등록'에 수록된 수교는 〈경국대전〉에 포함되지 않았다.
③ 〈경국대전〉의 편찬 이후에 수교는 법전 편찬에 사용되지 않았다.
④ 〈경국대전〉에 수록되지 않은 수교가 '등록'에 수록되어 있기도 하였다.
⑤ 〈경제육전〉에 수록된 수교는 〈속육전〉에 수록된 수교와 입법 시기가 겹치기도 하였다.

[21~23] 다음 글을 읽고 물음에 답하시오.

09 LEET

철학은 모든 학문 중에서도 최고의 지위를 지닌 제일 학문이라고 자처해 왔다. 이러한 자신감의 근저에는 철학적 앎이 최고의 확실성을 지니는 것이라는 확신이 깔려 있다. 그러나 철학의 자기도취는 종종 철학 자체 안에서도 도전에 직면하거니와, 특히 회의주의가 그 도전의 중심에 있다. 궁극적 진리의 인식이 소명인 철학에서 의심을 생명으로 하는 회의주의가 수행하는 역할은 무엇일까?

극단적 회의주의는 알베르트의 '가류주의(可謬主義)'에서 전형적으로 나타난다. 그는 특히 모든 철학적 명제의 생명을 좌우하는 '최종적 정당화'의 가능성을 원천 봉쇄함으로써, 최초의 자명한 명제에서 다른 명제들을 도출시켜 나가는 철학적 지식 체계를 무의미한 것으로 만들고자 한다. 그가 무기로 삼는 것은 뮌히하우젠 트릴레마(Münchhausen-Trilemma)이다. 이 트릴레마는 말을 타고 가다가 수렁에 빠진 뮌히하우젠 남작이 자신의 머리채를 위로 잡아당겨 빠져나오려 했다는 우화를 빗댄 것이다. 알베르트에 따르면 모든 하위 명제들을 정당화할 수 있는 근거가 되는 최초의 확실한 명제를 설정하려는 시도는 무한 소급, 순환 논증, 절차 단절 중 하나를 반드시 범하게 되므로 궁극적으로 실패한다. 이 트릴레마의 위력은 실로 막강해서 그것을 견딜 수 있는 철학적 정당화는 일견 불가능한 것처럼 보인다. 그러나 모든 명제의 불확실성을 절대화하는 알베르트 역시 치명적 오류를 범하고 있음이 드러난다. 즉 그는 이 트릴레마의 '절대적 정당성'에 '최종적으로 근거'하여 자신의 주장을 '확실한' 것이라고 말함으로써 자신의 '명시적 주장'과 '함축적 행위' 사이에서 발생하는 불화, 즉 '수행적 모순'에 빠지게 되는 것이다.

수행적 모순의 발견은 뮌히하우젠 트릴레마에 빠지지 않으면서도 최종적 정당화가 가능함을 보여 주고 있는데, 여기에 사용된 증명 방식이 바로 '귀류법적 증명'이다. 이 증명 방식은 명제 p의 모순 명제인 $\sim p$가 언명되는 순간 $\sim p$는 자신을 부정할 수밖에 없음을 밝힘으로써 p의 타당성을 우회적으로 증명한다. 즉 '확실한 인식은 없다'라는 알베르트의 명시적 주장은 '확실한 인식은 없다는 인식은 확실하다'라는 주장을 함축하므로, 그가 부정하려 한 '확실한 인식은 있다'라는 명제를 이미 전제하고 있는 것이다. 이러한 증명 방식을 통해 우리는 가류주의적 회의에 맞서 확실한 명제들을 설정할 수 있는 가능성을 확보한다.

21. 윗글의 내용과 일치하는 것은?

① '가류주의'는 '수행적 모순'의 문제점을 비판한다.
② '가류주의'는 '최종적 정당화'가 가능하다고 본다.
③ '최종적 정당화'는 '수행적 모순' 때문에 어렵다.
④ '귀류법적 증명'은 '최종적 정당화'의 가능성을 보여 준다.
⑤ '귀류법적 증명'은 '수행적 모순'을 범하고 있다.

22. 윗글의 가장 큰 구조를 정리하시오.

철학	회의주의

23. 2문단과 3문단의 구조를 정리하시오.

회의주의	한계	철학(최종적 정당화)

정답 및 해설 p.98

PART 02

논증 지문 정리

[01~04] 다음 글을 읽고 물음에 답하시오.

18 LEET

결혼을 하면 자연스럽게 아이를 낳지만, 아이들은 이 세상에 태어남으로써 해를 입을 수도 있다. 원하지 않는 병에 걸릴 수도 있고 험한 세상에서 살아가는 고통을 겪을 수도 있다. 이렇게 출산은 한 인간 존재에게 본인의 동의를 얻지 않은 부담을 지운다. 다른 인간을 존재하게 하여 위험에 처하게 만들 때는 충분한 이유를 가져야 할 도덕적 책임이 있다. 출산이 윤리적인가 하는 문제에 대해, 아이를 낳으면 아이를 기르는 즐거움과 아이가 행복하게 살 것이라는 기대가 있어 아이를 낳아야 한다고 주장하는 사람도 있고, 반면에 아이를 기르는 것은 괴로운 일이며 아이가 이 세상을 행복하게 살 것 같지 않다는 생각으로 아이를 낳지 말아야 한다고 주장하는 사람도 있다. 그러나 이것은 개인의 주관적인 판단에 따른 것이니 이런 근거를 가지고 아이를 낳는 것과 낳지 않는 것 중 어느 한쪽이 더 낫다고 주장할 수는 없다. 철학자 베나타는 이렇게 경험에 의거하는 방법 대신에 쾌락과 고통이 대칭적이지 않다는 논리적 분석을 이용하여, 태어나지 않는 것이 더 낫다고 주장하는 논증을 제시한다.

베나타의 주장은 다음과 같은 생각에 근거한다. 어떤 사람의 인생에 좋은 일이 있을 경우는 그렇지 않은 인생보다 풍요로워지긴 하겠지만, 만일 존재하지 않는 경우라도 존재하지 않는다고 해서 잃을 것은 하나도 없을 것이다. 무엇인가를 잃을 누군가가 애초에 없기 때문이다. 그러나 그 사람은 존재하게 됨으로써 존재하지 않았더라면 일어나지 않았을 심각한 피해로 고통을 받는다. 이 주장에 반대하고 싶은 사람이라면, 부유하고 특권을 누리는 사람들의 혜택은 그들이 겪게 될 해악을 능가할 것이라는 점을 들 것이다. 그러나 베나타의 반론은 선의 부재와 악의 부재 사이에 비대칭이 있다는 주장에 의존하고 있다. 고통 같은 나쁜 것의 부재는 곧 선이다. 그런 선을 실제로 즐길 수 있는 사람이 있을 수 없더라도 어쨌든 그렇다. 반면에 쾌락 같은 좋은 것의 부재는 그 좋은 것을 잃을 누군가가 있을 때에만 나쁘다. 이것은 존재하지 않음으로써 나쁜 것을 피하는 것은 존재함에 비해 진짜 혜택인 반면, 존재하지 않음으로써 좋은 것들이 없어지는 것은 손실이 결코 아니라는 뜻이다. 존재의 쾌락은 아무리 커도 고통을 능가하지 못한다. 베나타의 이런 논증은 아래 〈표〉가 보여 주듯 시나리오 A보다 시나리오 B가 낫다고 말한다. 결국 이 세상에 존재하지 않는 것이 훨씬 더 낫다.

<표>

시나리오 A: X가 존재한다	시나리오 B: X가 존재하지 않는다
(1) 고통이 있음 (나쁘다)	(2) 고통이 없음 (좋다)
(3) 쾌락이 있음 (좋다)	(4) 쾌락이 없음 (나쁘지 않다)

베나타의 주장을 반박하려면 선의 부재와 악의 부재 사이에 비대칭이 있다는 주장을 비판해야 한다. ㉠ 첫 번째 비판을 위해 천만 명이 사는 어떤 나라를 상상해 보자. 그중 오백만 명이 끊임없는 고통에 시달리고 있고, 다른 오백만 명은 행복을 누리고 있다. 이를 본 천사가 신에게 오백만 명의 고통이 지나치게 가혹하다고 조치를 취해 달라고 간청한다. 신도 이에 동의하여 시간을 거꾸로 돌려 불행했던 오백만 명이 고통에 시달리지 않도록 다시 창조했다. 하지만 베나타의 논리에 따르면 신은 시간을 거꾸로 돌려 천만 명이 사는 나라를 아예 존재하지 않게 할 수도 있다. 그러나 신이 천만 명을 아예 존재하지 않게 하는 식으로 천사의 간청을 받아들이면 천사뿐만 아니라 대부분의 사람들은 공포에 질릴 것이다. 이 사고 실험은 베나타의 주장과 달리 선의 부재가 나쁘지 않은 것이 아니라 나쁠 수 있다는 점을 보여 준다. 생명들을 빼앗는 것은 고통을 제거하기 위한 대가로는 지나치게 크다.

첫 번째 비판은 나쁜 일의 부재나 좋은 일의 부재는 그 부재를 경험할 주체가 없는 상황에서조차도 긍정적이거나 부정적인 가치를 지닐 수 있다는 베나타의 전제를 받아들였지만, ㉡ 두 번째 비판은 그 전제를 비판한다. 평가의 용어들은 간접적으로라도 사람을 언급함으로써만 의미를 지닌다. 그렇다면 좋은 것과 나쁜 것의 부재가 그 부재를 경험할 주체와는 관계없이 의미를 지닌다고 말하는 것은 무의미하고 바람직하지도 않다. 베나타의 이론에서는 '악의 부재'라는 표현이 주체를 절대로 가질 수 없다. 비존재의 맥락에서는 나쁜 것을 피할 개인이 있을 수 없기 때문이다.

만일 베나타의 주장이 옳다면 출산은 절대로 선이 될 수 없으며 출산에 관한 도덕적 성찰은 반드시 출산의 포기로 이어져야 한다. 그리고 우리는 이 세상에 태어나게 해 준 부모에게 감사할 필요가 없게 된다. 따라서 그 주장의 정당성은 비판적으로 논의되어야 한다.

01. 아래의 02~04번 문제가 무엇을 묻고 있는지 감안하여, 윗글의 구조를 정리하시오.

(1) 베나타의 논증: 도식화를 통한 비교 구조

구분	고통의 유무	쾌락의 유무
전제		
결론		

(2) 논쟁: 전제와 결론

관점	베나타	㉠ 첫 번째 비판	㉡ 두 번째 비판
전제			
결론			

02. 베나타의 생각과 일치하지 않는 것은?

① 누군가에게 해를 끼치는 행위에는 윤리적 책임을 물을 수 있다.
② 아이를 기르는 즐거움은 출산을 정당화하는 근거가 되지 못한다.
③ 태어나지 않는 것보다 태어나는 것이 더 나은 이유가 있어야 한다.
④ 고통보다 행복이 더 많을 것 같은 사람도 태어나게 해서는 안 된다.
⑤ 좋은 것들의 부재는 그 부재를 경험할 사람이 없는 상황에서조차도 악이 될 수 있다.

03. 베나타가 ㉠에 대해 할 수 있는 재반박으로 가장 적절한 것은?

① 전적으로 고통에 시달리는 사람도, 전적으로 행복을 누리는 사람도 없다.
② 쾌락으로 가득 찬 삶인지 고통에 시달리는 삶인지 구분할 객관적인 방법이 없다.
③ 삶을 지속할 가치가 있는지 묻는 것은 삶을 새로 시작할 가치가 있는지 묻는 것과 다르다.
④ 경험할 개인이 존재하지 않는 까닭에 부재하게 된 쾌락은 이미 존재하는 인간의 삶에 부재하는 쾌락을 능가한다.
⑤ 어떤 사람이 다른 잠재적 인간에게 존재에 따를 위험을 안겨 주는 문제와 어떤 사람이 그런 위험을 스스로 안는가 하는 문제는 동일한 문제가 아니다.

04. ㉡이 <표>에 대해 생각하는 것으로 가장 적절한 것은?

① (2)와 (4) 모두 좋다고 생각한다.
② (2)와 (4) 모두 좋지도 않고 나쁘지도 않다고 생각한다.
③ (2)는 좋지만 (4)는 좋기도 하고 나쁘기도 하다고 생각한다.
④ (2)는 좋지만 (4)는 좋지도 않고 나쁘지도 않다고 생각한다.
⑤ (2)는 좋기도 하고 나쁘기도 하다고 생각하지만 (4)는 나쁘다고 생각한다.

[05~08] 다음 글을 읽고 물음에 답하시오.

10 MDEET

법학적 해석은 법이 어떻게 이해되어야 하는지를 확정하는 것이지, 어떤 의도에서 만들어졌는지를 확정하는 것은 아니다. 이는 문헌학적 해석과 비교할 때 분명해진다. 문헌학적 해석은 인식된 것에 대한 인식이다. 이것은 텍스트 생산자가 주관적으로 의도한 의미를 확정하는 것이며, 해석의 대상인 작품의 밑바닥에 존재하는, 현실적 인간이 현실에서 생각한 사상을 확정하려 한다. 이를 위해 작가의 작품과 원고, 일기와 편지 등에서 나타나는 모든 표현들에 근거하여 그의 실제 사상을 탐구한다. 이는 순수하게 경험적인 방법이다. 그러나 법학적 해석은 법률 제정자가 의도한 의미를 확정하는 데 머무르는 것이 아니라 법규가 객관적으로 타당한 의미를 갖도록 하는 것을 지향한다.

법률이라는 작품에는 다수의 제정자가 관여한다. 때문에 그 의미에 대하여 관여자마다 갖가지 의견이 있을 수 있다. 하지만 법의 적용에 봉사해야 하는 법학적 해석은 일의적(一義的)이지 않으면 안 된다. 그래서 국가의 의사라 할 수 있는 입법자의 의사는 이념적으로 법률의 의사와 일치한다. 이는 입법의 모든 내용이 의인화된 단일 의식 속에 반영되었다고 간주하는 것을 말한다. 그리하여 ㉠ <u>입법자의 의사</u>는 해석의 수단이 아니라 해석의 목표이자 해석의 결과로 된다. 또한 전 법질서를 체계적으로 모순 없이 해석해야 하는 선험적 요청에 대한 표현이기도 하다. 그 때문에 법률 제정자가 미처 의식하지 못한 것도 입법자의 의사라고 확정할 수 있다. 해석자는 법률을 그 제정자가 이해한 것보다도 더 잘 이해할 수 있는 것이다.

법률 제정자의 사상에는 부족함이 있을 수밖에 없고, 언제나 명확하고 모순 없는 것이라고도 할 수 없다. 하지만 해석자는 온갖 법률 사건에 대하여 명료하게 모순 없는 해결을 법체계에서 끌어내어야 한다. 법학적 해석을 통해 해석자는 자기가 입법자였다면 제정하였을 법으로 나아가는 것이다. 이처럼 법학적 해석은 문헌학적 해석을 기반으로 하지만 그것을 초월한다. 결국 법률을 실제로 제정하는 경험적 입법자는 법률 자체 속에서만 사는 이념적 입법자에게 자리를 넘겨주게 된다.

05. 아래의 06~07번 문제가 무엇을 묻고 있는지 감안하여, 윗글의 구조를 정리하시오.

문헌학적 해석	법학적 해석

06. 윗글의 내용에 부합하는 것은?

① 문헌학적 해석은 법률 제정자의 의사를 확인하는 데 유용하다.
② 문헌학적 해석은 주관적인 의사의 다의적인 해석을 추구한다.
③ 법학적 해석에서 주관적인 실제 의사는 수단이라기보다 목적이다.
④ 법학적 해석은 텍스트 배후의 은유적 의미를 찾아내는 데 주력한다.
⑤ 법학적 해석은 문헌학적 해석을 넘어서서 직관적으로 타당한 의미를 모색한다.

07. ㉠에 관한 추론으로 적절하지 않은 것은?

① 위헌 법률 심사 과정은 이념적 입법자의 의사를 확정하는 작업이다.
② 입법자의 의사는 법률을 탄생시키는 일회적인 과정으로 파악되어서는 안 된다.
③ 입법에 관여한 전원이 의견을 같이한 경우 그것은 입법자의 의사로 보아야 한다.
④ 법학적 해석을 통해 끌어내는 입법자의 의사는 법체계에서 요구하는 의미이기도 하다.
⑤ 입법 당시 전혀 예상하지 못한 사정이 발생하더라도 입법자의 의사는 확정될 수 있다.

08. 다음은 윗글에 이어지는 문단이다. ㉡에 대한 헌법재판소의 판단을 설명한 것으로 적절한 것은?

> 재판은 이를 확인하는 구체적인 과정이라 할 수 있겠는데, 특히 법률에 대한 위헌성 심사가 그러하다. ㉡ 다음의 사례를 들어 살펴볼 수 있다.
>
> A 씨는 자신의 홈페이지에 만화의 주인공인 청소년이 전신을 노출하는 그림을 게시하였는데, 검찰은 이 그림이 〈청소년의 성보호에 관한 법률〉 제2조 제3호의 '청소년이용음란물'에 해당한다고 하여 기소하였다. 이 규정은 「"청소년이용음란물"이라 함은 청소년이 등장하여 제2호 각목의 1에 해당하는 행위를 하거나, 청소년의 수치심을 야기시키는 신체의 전부 또는 일부 등을 노골적으로 노출하여 음란한 내용을 표현한 것으로서, 필름 · 비디오물 · 게임물 또는 컴퓨터 기타 통신매체를 통한 영상 등의 형태로 된 것을 말한다.」라고 되어 있다. 여기서 '청소년'이 실제의 청소년을 뜻한다는 것은 말할 것도 없다. 그러나 '청소년이 등장하여'라는 부분은 '신체의 전부 또는 일부 등을 노골적으로 노출하여'라는 구절까지 연결되는 것으로도 또는 그렇지 않은 것으로도 읽힐 수 있다. 곧, 다의적(多義的) 해석의 여지가 있어 죄형 법정주의의 명확성 원칙을 위반한 위헌 규정이라는 문제가 제기되었다.
>
> 헌법재판소는 먼저 법률의 제안 이유서를 확인하였다. 거기에는 '청소년을 이용하여 음란물을 제작, 배포하는 행위가 사회 문제로 되면서 특별히 청소년의 성을 보호하기 위한 특별법'이라 표현되어 있다. 이에 표현물에 실제 청소년이 등장하는 것을 입법 시에 전제하였다고 파악하였다. 더구나 위 법률은 다른 규정에서 대상 청소년이나 피해 청소년의 신상 유출을 금지하고, 그 위반에 대해 처벌하는 체계로 되어 있다. 또한 법률안 초안에서는 위 조항의 '필름 · 비디오물 · 게임물' 다음에 '그림'이라는 낱말이 붙어 있다가 최종안에서는 배제되었다. 이로써 그림, 만화 등의 음란물은 일반 형법상의 규정으로 규제하려는 것이 제정자의 태도라고 확인하였다. 헌법재판소는 이런 식으로 입법 경과, 입법 목적, 다른 규정들과의 조화 등을 고려한 뒤, 결론적으로 '청소년이용음란물'에는 실제 인물인 청소년이 등장하여야 한다고 해석될 수밖에 없다고 하였으며, 따라서 법률 적용 단계에서 다의적으로 해석될 우려가 없어 명확성의 원칙에 위배되지 않는다고 결정하였다.

① 사례의 조항을 실제 인물이 아닌 그림에 적용할 수 없다는 것은 법원이 체계적으로 해석하여 내릴 수 있는 결론이라고 헌법재판소는 보았다.
② 법률 해석의 결과로 A 씨를 처벌할 수 있는 가능성이 사라졌다는 점에서 헌법재판소는 헌법상 보장되는 표현의 자유를 수호하는 기능을 수행하였다.
③ 검찰이 '청소년이 등장하여'라는 부분을 '신체의 전부 또는 일부 등을 노골적으로 노출하여'와 연결된다고 해석한 데 대해서는 헌법재판소가 타당하지 않다고 파악하였다.
④ 사례의 조항을 헌법재판소에서 위헌으로 결정하지 않음으로써 성인의 노출이라도 그것이 청소년의 수치심 유발을 의도한 경우에는 그 조항이 적용되는 것으로 해석될 여지를 남겼다.
⑤ 헌법재판소가 사례의 조항이 명확성의 원칙을 위반하지 않는다고 결정하였으므로, '영상 등의 형태로 된 것'이란 표현은 모호하다고 볼 수 없고 따라서 만화도 포함하는 의미라고 해석된다.

[09~12] 다음 글을 읽고 물음에 답하시오.

'권위의 역설'은 통상 인간의 도덕적 삶에 필수적이라 여겨지는 두 요소인 '권위'와 '합리성'이 서로 양립할 수 없는 개념들이라는 언명을 말한다. 합리적인 행위란 그 행위 자체의 가치에 대한 판단의 결과를 행위의 근거로 삼는 것인 반면, 권위에 따른 행위는 행위 자체의 가치와 무관하게 '단지 명령이 있었기 때문에' 그 행위로 나아가는 것이라는 점에서 두 개념이 전제하는 실천적 추론의 구조, 즉 해야 할 바가 무엇인지, 그리고 그것을 어떤 이유에서 결정할 것인지에 관한 사고의 구조가 상호 모순적이라는 것이다. 몇몇 학자들은 결국 합리성 개념과 양립할 수 없는 권위 개념을 포기할 수밖에 없다고 한다. 합리적 인간이라면 권위를 자기 행위의 근거로 삼을 수 없을 뿐 아니라 권위를 꼭 필요로 하지도 않을 것이기 때문이다. 만일 권위가 옳은 행위를 명하는 것이라면 굳이 옳은 행위를 하기 위한 근거로서 명령이 필요하지는 않았을 것이며, 그른 행위를 명하는 것이라면 명령에 따르는 행위를 합당하게 근거 지을 수 없다는 것이다.

이러한 주장에 대해 라즈는 다음과 같이 반박하고 있다. 권위의 역설이 담고 있는 논리는, 권위 개념이 전제하는 실천적 추론의 구조(A)가 합리성 개념이 전제하는 실천적 추론의 구조(B)와는 결코 화해될 수 없기 때문에 권위에 따르면서도 합리적인 것이란 마치 '둥근 사각형'과 같다는 것이다. 그런데 이러한 논리가 성립하려면 우선 실천적 추론의 구조가 A이면서도 그 행위 수행 과정이 합리적이라고 판단되는 사례(π)가 없어야 한다. 만일 π가 제시된다면 "행위 자체의 가치에 대한 판단 결과를 행위의 근거로 삼는다."라는 말로는 B를 적절히 기술하지 못하는 것이 되고, 이에 기초한 '권위의 역설' 자체도 흔들리게 된다. π를 포괄하면서도 역설이 생기지 않도록 B를 적절히 재구성할 여지가 있기 때문이다. 이에 따라 그는 우선 다음과 같은 사례를 제시하고 있다.

> 앤은 온종일 비정상적으로 극심한 업무에 시달린 후 퇴근하였다. 그날 밤 그녀의 친구가 그녀에게 전화를 걸어 그녀가 평소 알아보고 있던 '투자할 건수'를 알려주었다. 이 투자 제안에는 한 가지 조건이 있었는데, 그것은 그날 자정까지 투자 여부를 확답해 줘야 한다는 것이었다. 그녀는 너무도 피곤한 나머지 제대로 된 판단을 할 수 없을 것 같다고 생각했다. 그래서 그 제안을 검토하지 않고, 투자를 하지 않기로 했다.

앤은 투자 거절이라는 자신의 행위가 옳은지에 대한 판단을 하지 않고 행위 자체의 가치와는 무관한 이유를 들어 행위하고 있음에도 매우 합리적으로 행동하고 있는 것으로 보인다. 왜 그렇게 보이는 것일까? 이에 대해 라즈는 앤의 행위도 실은 적절한 이유나 근거에 따라 수행되는 행위이기 때문이라고 말한다. 다만 이때의 근거는 '행위 자체의 가치에 대한 판단 결과'를 도출하는 데 영향을 미치는 보통의 행위 근거와는 구별되는 것이다. 일반적으로 어떤 행위를 지지하는 근거와 반대하는 다른 근거 중 어느 근거에 따를 것인지 즉 그 행위를 할 것인지 말 것인지는 행위 근거들의 논리적 강도나 비중의 상대적 크기를 저울질함으로써 결정되지만, 앤의 행위는 그러한 저울 자체를 치워 버리게 하는 독특한 행위 근거에 따라 결정되고 있는 것이다. 이는 보통의 행위 근거들보다 한 단계 위에 존재하면서 그러한 행위 근거들이 행위 여부를 결정하지 않도록 영향력을 행사하는 상위의 행위 근거라 할 수 있는데, 라즈는 이를 '배제적 근거'라 부른다.

그런데 이러한 '배제적 근거에 따른 행위 수행'이야말로 바로 권위에 따른 행위에서의 실천적 추론의 구조(A)라 할 수 있다. 왜냐하면 권위는 그 개념상 명령된 행위가 옳은 것인지에 대한 수명자(受命者)의 판단에 행위 수행 여부의 결정을 맡기지 않으며, 수명자는 행위의 명령이 있었다고 하는, 행위 자체의 가치와는 무관한 이유에서 행위로 나아가야 하기 때문이다. 다시 말해 명령된 행위 그 자체의 가치에 대한 판단 결과를 도출하는 데 영향을 미치는 행위 근거들은 권위에 따른 행위에서의 실천적 추론 과정에 영향을 미칠 수 없도록 '배제되고' 있는 것이다.

결국 배제적 근거에 따른 행위 수행 사례가 호소력을 갖는 한, 더 이상 권위 개념이 전제하는 실천적 추론의 구조를 들어 권위와 합리성이 개념적으로 양립 불가능함을 주장할 수는 없게 된다. 권위에 따른 행위가 합리적일 수 있는 개념적 여지가 바로 배제적 근거의 존재에서 생겨나고 있기 때문이다.

09. 아래의 10~12번 문제가 무엇을 묻고 있는지 감안하여, 윗글의 구조를 정리하시오.

⑴ 논쟁 구조

관점	몇몇 학자	라즈
주장		
근거		

⑵ 라즈의 논증: 반례 형성 구조

사례(반례)	
전제	
결론	

10. 윗글의 '권위의 역설'이 함축하는 내용이 아닌 것은?

① 누구도 합리적이면서 동시에 권위에 따를 수는 없다.

② 권위가 실천적 추론의 과정에 개입하는 것은 합리적일 수 없다.

③ 합리성 개념과 양립할 수 없는 권위 개념에 기초해서도 합리적 행위에 대한 기술은 가능하다.

④ 합리적인 행위자는 권위에 따라 행위할 수 없지만, 그렇다고 해서 반드시 권위에 반하는 판단을 해야 하는 것은 아니다.

⑤ 명령된 행위를 숙고한 끝에 그것을 하는 것이 좋겠다고 보고 그 행위를 하는 것은 명령자의 권위에 따르는 것이 아니다.

11. 윗글에 제시된 '배제적 근거'에 따르는 것으로 볼 수 없는 것은?

① 약속한 일은 그로 말미암아 아무리 큰 손해가 예상되더라도 반드시 지킨다는 입장에서 행동하는 경우
② 설령 도덕에 반하는 법이라 해도 그것이 금지한 것은 하지 말아야 한다는 입장에서 행동하는 경우
③ 설령 오심이라 할지라도 판사의 판결에는 구속되어야 한다는 입장에서 행동하는 경우
④ 옳지 않은 행위는 양심에 비추어 절대로 하지 않는다는 입장에서 행동하는 경우
⑤ 상관이 지시한 일은 이유 불문하고 수행해야 한다는 입장에서 행동하는 경우

12. 윗글에 나타난 '라즈의 논증'에 대한 이해로 가장 적절한 것은?

① 행위 근거의 구조적 차원을 재구성하여 권위 개념을 정합성 있게 수정함
② 권위에 따른 행위를 유형화하여 그것이 현실적으로 합리화되기 위한 조건을 도출함
③ 실천적 추론 구조를 분석하여 권위에 따른 행위가 합리적일 수 있는 가능성을 확보함
④ 실천적 추론 구조가 다른 사례를 권위 개념에 유추 적용하여 권위의 역설을 해소함
⑤ 권위의 역설에 대한 반례를 제시하여 권위에 따른 행위가 옳은 행위로 귀결됨을 입증함

[13~16] 다음 글을 읽고 물음에 답하시오.

07 MDEET

나는 대부분의 영국인들과 마찬가지로 자유 무역을 존중하며 자랐다. 자유 무역을 옹호했던 19세기 사람들은 국제 분업이 자원과 능력을 가장 효율적으로 배분하여 경제 성장을 가져온다고 믿었다. 나아가 자유 무역이 특권과 독점에 맞서는 진취적 정신을 북돋우며 세계 평화에도 기여한다고 믿었다. 지금도 자유 무역이 여러 미덕을 가지고 있다는 생각에는 변함이 없다. 그러나 자유 무역을 바라보는 내 관점은 적지 않게 달라졌다. 이제는 국가들 사이의 경제적 연계를 극대화하자는 편보다는 극소화하자는 편에 더 친밀감을 느낀다. 사상 · 지식 · 예술 · 친절 · 여행은 본성상 국제적이어야 한다. 하지만 소비재는 가능한 한 국산품이 바람직하며, 특히 금융은 국내에 기반을 둔 것이어야 한다.

내가 이처럼 방향을 선회한 것은 시대에 따라 추구하는 가치가 달라지고, 따라서 사고방식도 달라질 수밖에 없으며, 자유 무역에 대한 판단 자체가 경제적 이익과 비경제적 이익 사이의 저울질이라는 어려운 문제를 수반한다는 점과 관련이 있다. 19세기에는 경제적 국제주의의 경제적 이익이 다른 종류의 불이익을 압도할 수 있었던 두 가지 조건이 있었다. 먼저, 대규모의 이민과 함께 구대륙의 기술과 저축도 신대륙으로 함께 건너갔다. 영국의 저축과 기술로 건설된 철로와 기차가 영국에서 건너온 이민자들을 미국 곳곳으로 실어 날랐다. 발생한 수익 중 일부는 영국으로 환류되었고, 검약으로 이를 가능하게 한 사람들은 성공의 열매를 함께 나눌 수 있었다. 그러나 이러한 투자는 시카고의 투기자가 독일 기업의 주식을 보유하는 것과 본질적으로는 같은 점이 거의 없다. 둘째로, 국가들 사이에 산업화의 수준과 기술 습득의 기회가 현저하게 달랐던 때는 국제 분업의 고도화가 적지 않은 이익을 가져올 수 있었다.

국제 분업의 경제적 이익이 오늘날에도 과거의 그것과 크게 다르지 않다는 주장은 받아들이기 어렵다. 물론 천연 자원, 문화 수준, 인구 밀도, 타고난 기질 등이 국가 간에 큰 차이를 보인다면, 어느 정도의 국제적 특화는 필요하다. 그러나 농산물과 공산품의 경우에는 자급자족의 경제적 비용이, 생산자와 소비자를 단일한 국가적 · 경제적 · 금융적 조직에 속하게 함으로써 얻을 이익보다 크다고 볼 수는 없다. 최신의 대량 생산 공정은 거의 같은 효율성으로 대부분의 국가에서 행해질 수 있기 때문이다. 더욱이 부(富)가 늘어남에 따라 국민 경제 속에서 원자재와 공산품은 개인 서비스, 쾌적한 주거 환경, 문화 공간 등 교역 대상이 될 수 없는 것들보다 상대적으로 작은 역할만을 담당한다. 결과적으로, 국민 경제 자립도의 증대에 따른 원자재 및 공산품의 실질 비용 상승은 다른 종류의 이익들에 견주어 보면 더 이상 심각한 문제가 되지 않는다. 요컨대 ㉠ <u>자족적 국민 경제</u>는, 비용은 들지만 우리가 원한다면 어렵지 않게 누릴 수 있는 호사(豪奢)가 된 것이다.

자족적 국민 경제는 그 자체가 이상(理想)이 아니라 다른 이상들을 안전하고 효과적으로 추구할 수 있는 환경을 만들기 위한 조건이다. 경제적 문제에 대해 말한다면, 중앙 통제보다는 가능한 한 사적인 판단과 사업을 존중해야 한다는 것이 나의 생각이다. 내가 즐겨 상상하는 이상적인 사회로 전환하려면, 현재와 같은 민간 기업의 구조에서는 적어도 향후 한 세대 동안 거의 0%에 가까운 수준으로 이자율이 유지되어야 할 것이다. 그러나 이자율이 국제 금융 시장의 작동을 통해 단일한 수준으로 수렴하는 현재와 같은 시스템에서는 이를 기대할 수 없다. 경제적 국제주의가 가져다 줄 물질적 번영은 새로운 이상 사회의 그것에 크게 못 미칠 것이다. 물론 사적 수익성의 논리로 보자면, 국경을 뛰어넘어 가장 높은 이자율을 제공하는 곳에 자신의 저축이 투자될 수 있도록 금융의 국제적 이동을 자유롭게 하는 것이 최상의 선택이다. 그러나 소유와 경영의 분리가 국경을 넘어서까지 확대되면, '자본 탈출'의 위협으로 인해 적절한 국내 정책을 펼치기 어렵게 되며, 장기적으로는 사적 수익성 그 자체마저 망쳐 놓는 긴장과 반목이 일어날 가능성이 높다. 미래의 이상적인 사회를 향한 우리의 실험을 행하자면, 다른 곳의 경제적 변화로부터 가능한 한 간섭을 받지 않는 것이 무엇보다 중요하다. 아울러 수익성이라는 기준에 복종하지 않는 것도 중요하다. 이때 그 기준을 바꿔야 할 주체는 기업이 아니라 국가이다. 버려야 할 것은 재무장관을 주식회사의 최고 경영자처럼 보는 통념인 것이다.

– J. M. 케인스, 자족적 국민 경제 –

13. 케인즈의 논증 구조를 정리하시오.

19세기			20세기		
전제	소비재		전제	소비재	
	금융			금융	
결론			결론		

14. 글쓴이가 주목한 시대적 변화로 볼 수 없는 것은?

① 기술 혁신으로 공산품의 국가 간 생산성 격차가 줄어들었다.
② 기업의 자금 조달이 국내외 주식 시장에 크게 의존하게 되었다.
③ 금융 이동 규모의 증대에 따라 경제 정책의 자율성이 제약받게 되었다.
④ 원자재의 실질 비용 상승이 주는 부정적 효과가 상대적으로 약화되었다.
⑤ 국가 간 자본 이동이 확대되면서 국가 간의 이자율 격차가 심화되었다.

15. ㉠에 관한 글쓴이의 생각으로 보기 어려운 것은?

① 자족적 국민 경제는 사회적 가치들이 제고되는 이상적 사회를 실현하기 위한 수단이지 그 자체가 목적은 아니다.
② 비경제적 가치를 실현하기 위해 자원을 더 많이 투입하더라도 국민 경제의 성장은 방해받지 않을 것이다.
③ 기업에 의한 자원 배분은 수익성을 기준으로 하지만, 정부에 의한 자원 배분은 공공성을 기준으로 해야 한다.
④ 공공 정책에 필요한 자금은 국내에서 조달하도록 규제하고, 기업의 활동에 필요한 자본의 이동은 확대해야 한다.
⑤ 자족적 국민 경제가 지향하는 바를 실현하기 위해서는 경제적 조건의 확보도 중요하지만 사회적 가치에 대한 통념을 바꾸는 것도 중요하다.

16. 윗글에 대한 비판적 문제 제기로 적절하지 않은 것은?

① 자본의 국제적 이동을 억제하는 정책은 이자율을 크게 떨어뜨릴 뿐 아니라 국민 경제를 세계 경제로부터 고립시킬 것이다.
② 금리를 크게 낮추는 정책은 부동산 투기, 주가 거품 등을 유발하여 경제의 안정성을 해칠 뿐 아니라 생활환경까지도 훼손할 것이다.
③ 사회적 가치를 제고한다는 명분 하에 금융의 자유로운 움직임을 규제하는 것은 경제적 자유는 물론, 정치적 자유마저 억압할 우려가 크다.
④ 외국의 선진적 금융을 받아들인다면 새로운 지식과 문화가 유입될 뿐 아니라 공동의 이해관계로 인해 국내외적 긴장과 반목도 완화될 수 있다.
⑤ 경제적인 것과 비경제적인 것은 명확하게 구분하기 어렵고 그 크기를 재는 것 또한 자의적일 수밖에 없으므로, 국제적 자본주의를 정당화하는 정반대의 결론이 도출될 수도 있다.

정답 및 해설 p.102

PART 03

논쟁 지문 정리

[01~04] 다음 글을 읽고 물음에 답하시오.

14 LEET

지난 2008년의 미국발 금융 위기와 관련해 '증권화'의 역할이 재조명되었다. 증권화란 대출채권이나 부동산과 같이 현금화가 쉽지 않은 자산을 시장성이 높은 유가증권으로 전환하는 행위이다. 당시 미국의 주택담보 대출기관, 곧 모기지 대출기관들은 대출채권을 유동화해 이를 투자은행, 헤지펀드, 연기금, 보험사 등에 매각하고 있었다. 이들은 이렇게 만들어진 모기지 유동화 증권을 통해 오랜 기간에 걸쳐 나누어 들어올 현금을 미리 확보할 수 있었고, 원리금을 돌려받지 못할 위험도 광범위한 투자자들에게 전가할 수 있었다. 증권화는 위기 이전까지만 해도 경제 전반의 리스크를 줄이고 새로운 투자 기회를 제공하며 금융시장의 효율성을 높여주는 금융 혁신으로 높게 평가되었다.

하지만 금융 위기가 일어나면서 증권화의 부정적 측면이 부각되었다. 당시 모기지 대출기관들은 대출채권을 만기 때까지 보유해야 한다는 제약으로부터 벗어남에 따라 대출 기준을 완화했다. 이 과정에서 신용 등급이 아주 낮은 사람들을 대상으로 했거나 집값 대비 대출금액이 높았던 비우량(subprime) 모기지 대출이 늘어났는데, 그동안 계속 상승해 왔던 부동산 가격이 폭락하고 채무 불이행 사태가 본격화되면서 서브프라임 모기지 사태가 발생했다. 이때 비우량 모기지의 규모 자체는 크지 않았지만 이로부터 파생된 신종 유가증권들이 대형 투자은행 등 다양한 투자자들에 의해 광범위하게 보유 · 유통되었다는 점에 특히 주목할 필요가 있다. 이들은 증권화로 인해 보다 안전해졌다는 과신 속에서 과도한 차입을 통해 투자를 크게 늘렸는데, 서브프라임 모기지 사태를 기점으로 유가증권들의 가격이 폭락함에 따라 금융기관들의 연쇄 도산 사태가 일어났던 것이다.

이에 따라 증권화를 확대한 금융기관과 이를 허용한 감독당국에 비판이 집중되었다. 하지만 일각에서는 금융 위기의 원인이 증권화가 아니라 정부의 잘못된 개입에 있다는 상반된 주장도 제기되었다. 시장의 자기 조정 능력을 긍정하는 이 '정부 주범론'은 소득 분배의 불평등 심화 문제를 포퓰리즘으로 해결하려던 것이 금융 위기를 낳았다고 주장한다. 이들에 따르면, 불평등 심화의 근본 원인은 기술 변화와 세계화이므로 그 해법 또한 저소득층의 교육 기회 확대 등의 정책에서 찾아야 했다. 그럼에도 정치권은 저소득층의 불만을 무마하기 위해 저소득층이 빚을 늘려 집을 보유할 수 있게 해주는 미봉책을 펼쳤는데, 그로 인해 주택 가격 거품이 발생했고 마침내는 금융 위기로 연결되었다는 것이다. 이 문제와 관련해 대표적인 정책 실패로 거론된 것이 바로 지역재투자법이다.

지역재투자법이란 저소득층의 금융 이용 기회를 확대할 목적으로 은행들로 하여금 낙후 지역에 대한 대출이나 투자를 늘리도록 유도하는 제도이다. '정부 주범론'은 이 법으로 인해 은행들이 상환 능력이 떨어지는 저소득층들에게로까지 주택 자금 대출을 늘려야 했고, 이것이 결국 서브프라임 모기지 사태로 이어졌다고 주장한다. '정부 주범론'은 여기에 더해 지역재투자법의 추가적인 파급 효과에도 주목한다. 금융기관들은 지역재투자법에 따라 저소득층에 대한 대출을 늘리는 과정에서 심사 관련 기강이 느슨해졌고 지역재투자법과 무관한 대출에 대해서까지도 대출 기준을 전반적으로 완화함으로써 주택 가격 거품을 키우게 되었다는 것이다.

최근 미국에서는 '정부 주범론'의 목소리가 높아지면서 이 주장이 현실에 얼마나 부합하는지에 대한 많은 연구가 진행되었다. 이 과정에서 ㉠ '정부 주범론'을 반박하는 다양한 논거들이 '규제 실패론'의 이름으로 제시되었고, '정부 주범론'의 정치적 맥락도 새롭게 조명되었다. '규제 실패론'은 금융기관들의 무분별한 차입 및 증권화가 이들의 적극적인 로비에 따른 결과임을 강조하며, 이러한 흐름이 실물 경제의 안정적 성장도 저해했다고 주장한다. '규제 실패론'은 또한 지난 삼십 년 동안 소득 분배가 계속 불평등해지는 과정에서 보다 많은 소득을 얻게 된 부유층이 특히 금융에 대한 투자와 감세를 통해 부를 한층 키워 왔던 구조적 특징과 이들의 정치적 영향력에도 주목한다. 저소득층의 부채란 정치권의 온정주의가 아니라 부유층과 금융권이 자신들의 이익을 극대화하는 과정에서 늘어났던 것이라는 이 지적은 불평등의 심화와 금융 위기 사이의 관계에 대한 새로운 시각을 제시한다.

01. 윗글의 구조를 정리하고, 주요 쟁점을 서술한 뒤 표를 정리하시오.

(1) 증권화

구분	금융 위기 이전	금융 위기 이후
평가		
이유		

(2) 주요 쟁점:

구분	정부 주범론	규제 실패론
주장		
근거		

02. 윗글에 나타난 입장들에 관한 진술 중 타당하지 않은 것은?

① '정부 주범론'은 정부의 시장 개입이 경제 주체들의 판단을 오도했다고 본다.
② '정부 주범론'은 정치권이 지역재투자법으로 저소득층의 표를 얻으려 했다고 본다.
③ '규제 실패론'은 금융과 정치권의 유착 관계를 비판한다.
④ '규제 실패론'은 가계 부채 증가가 고소득층의 투자 기회 확대와 관련이 있다고 본다.
⑤ '정부 주범론'과 '규제 실패론'은 소득 불평등 문제를 해결하려는 과정에서 금융 위기가 발생했다는 점에 대해서는 의견을 같이 한다.

03. '증권화'와 관련한 다음의 추론 중 타당하지 않은 것은?

① 증권화에서 서브프라임 모기지에 연계된 증권의 투자자는 고수익을 추구하는 일부 투자자에 한정되었을 것이다.
② 증권화는 개별 금융기관의 위험을 낮추어 주는 혁신처럼 보였지만 실제로는 전체 금융권의 위험을 높였을 것이다.
③ 모기지 채권의 증권화는 보다 많은 자금이 주택시장에 유입되도록 함으로써 주택 가격의 거품을 키웠을 것이다.
④ 부동산 시장과 유동화 증권의 현금화 가능성에 대한 투자자들의 낙관적 전망으로 인해 증권화가 확대되었을 것이다.
⑤ 증권화에 대한 규제를 강화해야 할지 판단하기 위해서는 금융 위기를 발생시켰던 대출 기준 완화의 원인을 규명하는 것이 중요하다.

04. ㉠에 포함되는 것으로 보기 어려운 것은?

① 지역재투자법에는 저소득층에 대해 다른 계층보다 집값 대비 대출 한도를 더 높게 설정하도록 유도하는 내용이 있다.
② 서브프라임 모기지 대출의 연체율은 지역의 소득 수준에 상관없이 일반 대출의 연체율보다 높았다.
③ 부동산 가격 거품을 가져온 주된 요인은 주택 가격의 상승보다는 상업용 부동산 가격의 상승이었다.
④ 지역재투자법의 적용을 받는 대출들 중 서브프라임 모기지 대출의 비중은 낮았다.
⑤ 지역재투자법과 유사한 규제가 없는 나라에서도 금융 위기가 발생하였다.

[05~08] 다음 글을 읽고 물음에 답하시오.

예비 PEET

'심신 동일론'은 심리 상태가 두뇌 또는 중추 신경계의 어떤 물리적 상태와 동일하다는 주장이다. 번개가 대기의 전기 방전이고, 온도가 입자의 운동 에너지인 것처럼, 우리가 여태껏 심리 상태라고 불러 온 것들은 실상은 두뇌 상태들이라는 것이다. 심리 상태의 여러 유형들과 두뇌 상태의 유형들 간의 상관관계는 신경 생리학이 발달함에 따라 속속 드러나고 있는데, 이러한 상관관계는 두 유형 사이의 동일성에 의해 가장 잘 설명된다.

동일론자들이 말하는 심신 간의 동일성에는 주의할 점이 있다. 첫째, 그 동일성은 동일한 종류를 말하는 것이 아니라 ㉠ 수적(數的) 동일성을 뜻한다. 예를 들어 "나는 네가 어제 산 시계와 똑같은 시계를 방금 샀어."라고 말할 때의 동일성이 아니라, "그 시계는 내가 어제 잃어버린 바로 그 시계야."라고 말할 때의 동일성이다. 둘째, 이 동일성은 개념적이고 선험적인 동일성이 아니라 ㉡ 경험적인 동일성이다. '총각은 결혼 안 한 남자'는 개념적이고 선험적인 동일성이지만, '물은 H_2O'라는 동일성은 경험적 연구를 통해 발견된 것이다. 예컨대, '통증은 두뇌 상태 S'라는 동일성은 '통증'이나 '두뇌 상태 S'의 개념적 분석이 아니라 신경 생리학의 연구를 통해 얻은 경험적 진리이다.

수적 동일성은 "두 대상이 모든 속성을 공유할 경우 그리고 오직 그때에만 그 두 대상은 동일하다."라는 ㉢ 라이프니츠 법칙에 지배된다. 통증이 두뇌 상태 S와 동일한 상태라면 이 두 상태는 모든 속성을 공유해야 한다. 어떤 철학자들은 공간적 속성을 들어 동일론을 반박하려 하였다. 모든 두뇌 상태는 물리적 상태이므로 특정한 공간적 위치를 갖지만, 많은 심리 상태들은 위치를 말하기 어렵다는 것이다. 그러므로 통증과 두뇌 상태 S를 동일시하는 것은 5가 초록색이라고 말하는 것처럼 일종의 ㉣ 범주 착오라는 것이다. 수는 색깔을 부여할 수 있는 범주가 아니기 때문이다. 그러나 빛이 주파수를 갖는다고 말하는 것도 예전에는 터무니없는 말로 들렸으리라는 것을 생각해 보라. 동일론이 경험적 증거를 축적해 가고 신경 과학의 용어들이 일상화되어 가면서 심리 상태에 두뇌 상태를 연결하는 진술들의 의미론적 기이함은 점점 줄어들고 있다.

"내가 두뇌 상태 S에 있다는 것은 알지 못하면서도 내가 통증을 느끼고 있다는 것은 알 수 있으므로 통증은 두뇌 상태 S와 동일할 수 없다."라는 반론도 라이프니츠 법칙에 호소하고 있다. 그러나 이 논증은 이른바 ㉤ 내포적 오류를 범하는 것이다. "내가 두뇌 상태 S에 있다는 것은 알지 못하면서도 내가 통증을 느끼고 있다는 것은 알 수 있다."라는 전제로부터 도출되는 결론은 두 개의 개념이 같지 않다는 것뿐이다. 이러한 경우가 동일론을 반박한다면 온도의 개념을 알지만 운동 에너지가 무엇인지는 모를 수 있다는 것이 온도가 입자의 운동 에너지라는 물리학의 동일성을 반박하는 셈이 될 것이다.

데카르트 이래 제기되었던 동일론에 대한 많은 반론들은 답변이 가능하거나, 적어도 결정적인 반박이 되지는 못하였다. 그러나 퍼트넘이 제기한 다수 실현 논변은 동일론에 대하여 결정적인 반박을 제시한 것으로 인정된다. 동일론이 옳다면 "통증은 두뇌 상태 S이다."라는 진술은 법칙적 일반성을 갖는 진술일 것이다. 그렇다면 두뇌 상태 S를 갖지 않는 생물체는 통증을 가질 수 없어야 한다. 그러나 중추 신경계가 인간과는 매우 다른 연체동물도 통증을 가지는 것으로 보인다. 또 감각과 지능은 인간과 비슷한데 신경 계통은 실리콘 기반인 외계인도 법칙적으로 불가능하지 않다.

우리가 '통증'이라고 부르는 심리 상태는 신체를 손상하는 자극에 의해 발생하며, 공포나 분노 같은 다른 내적 상태를 낳기도 하고, 우리의 믿음이나 감정들과 결합하여 특정한 행동 반응을 산출하기도 한다. 그런데 인간과 물리적 조성이 전혀 다른 외계인이나 로봇도 인간과 기능적으로 동일한 심리 상태를 가질 수 있다. 환경의 여러 입력들에 대하여 그들이 인간과 동일하게 감응하고, 인간과 동일하게 분류될 수 있는 내적 상태들을 가지며, 입력 자극에 대하여 인간과 동일한 방식으로 반응하면서, '환경적 입력들-내적 상태들-출력 반응들'의 연결도 인간과 동일하게 가질 수 있다. 이러한 외계인을 만난다면 우리는 그들도 인간과 같은 심리 상태를 갖는다고 믿게 될 것이다. 심리 상태를, 그것을 실현하는 물리적 기반이 아니라 그 상태가 체계의 '환경적 입력들-내적 상태들-출력 반응들'에서 하는 역할로 정의하는 관점을 '심리적 기능주의'라고 부른다.

심리 상태의 물리적 기반을 강조하는 동일론자들은 심리적 개념에 상응하는 신경적 기반이 종(種)에 따라 다르다고 말함으로써 이런 주장에 대응한다. 온도가 물체를 구성하는 분자 운동의 에너지이기는 하지만, 이것은 엄밀히 말하면 기체에서만 성립하고 고체나 플라스마에서는 다른 방식으로 나타난다. 그래도 기체에서의 온도가 그 기체에서의 평균 분자 운동 에너지와 동일하지 않은 것은 아니다. 마찬가지로 '인간에서의 고통'은 두뇌 상태 S이고, '외계인에서의 고통'은 전적으로 다른 어떤 것이다. 이것은 처음 기대했던 것보다는 범위가 축소된 동일성이기는 하지만 심리 상태가 결국 물리적 상태와 동일하다는 애초의 주장이 완전히 무너지는 것은 아니다.

05. 아래의 06~08번 문제가 무엇을 묻고 있는지 감안하여, 윗글의 구조를 정리하시오.

(1) 개념

수적 동일성	경험적 동일성

(2) 논쟁 구조

관점	반론 1, 2	재반론 (동일론자)
주장		
근거1		
근거2		

관점	반론 3 (심리적 기능주의자)	재반론 (동일론자)
주장		
근거		

06. 윗글로부터 추론한 것으로 옳지 않은 것은?

① 동일론자는 심리 상태에 공간적 위치를 부여할 수 없다는 기존의 생각은 변할 것이라고 말할 것이다.

② 동일론자는 다수 실현 논변에 대해 인간의 복잡한 통증과 연체동물의 단순한 통증이 동일한 상태가 아니라고 말함으로써 반박할 수 있을 것이다.

③ 동일론자는 신경 생리학이 완성되어 각각의 심리 상태와 동일한 두뇌 상태를 모두 알게 되면 심리 상태를 가리키는 개념은 불필요하다고 믿을 것이다.

④ 심리적 기능주의자는 인간과 동일한 심리 법칙의 지배를 받는 로봇을 제작하기 위하여 사람과 같은 인공 신경 체계를 만들 필요는 없다고 생각할 것이다.

⑤ 심리적 기능주의자는 가상현실에서 형성된 심리 상태는 실제 현실과 동일한 입력을 받은 것이 아니므로 실제 현실 속에서 형성된 심리 상태와 다르다고 말할 것이다.

07. ㉠~㉤을 적용한 것으로 적절하지 않은 것은?

① ㉠: "내가 알던 퇴계는 알고 보니 이황이었다."라는 말에서 '퇴계'와 '이황'의 동일성은 수적 동일성이다.

② ㉡: '샛별'과 '개밥바라기'가 같은 행성 '금성'이라는 것은 천체 관찰에 의해 발견된 것이므로 경험적 동일성이다.

③ ㉢: 내가 용의자와 닮지 않았음을 입증함으로써 범죄 혐의를 벗어난 것은 라이프니츠 법칙이 적용된 것이다.

④ ㉣: '움직인다'는 말을 '지구를 기준으로 한 위치 변화'로 정의하면, '지구'는 움직이는 것의 범주에 속하지 않으므로 "지구는 움직인다."라는 진술은 범주 착오에 해당한다.

⑤ ㉤: 귀신이 존재하는지는 알지 못하지만 귀신이 존재하지 않는다는 것도 알지 못하므로, 귀신은 존재한다고 생각하는 것은 내포적 오류이다.

08. 다음의 가상 상황에 대한 진술로 옳은 것은?

> 심신 동일론을 지지하는 심리학자 A와 심리적 기능주의를 지지하는 심리학자 B가 속한 어떤 탐험대가 우주 탐사 중 인간과 동일한 환경에 인간과 동일한 방식으로 적응한 외계인들을 만나게 되었다. 탐험대는 그 외계인들이 인간과 같은 종인지는 모르겠지만 행동과 말이 놀랍게도 인간과 똑같다는 것을 알게 되었다. 예를 들어 외계인들은 자신의 신체에 손상이 가해지면 인간과 동일한 회피 동작을 보였다. 그리고 그런 상태를 인간처럼 '통증'이라고 불렀다. 그러나 A와 B는 그들이 경험하는 주관적 느낌이 정말로 인간과 동일한지는 확신할 수 없었다. 그들이 '통증'이라고 분류하는 상태가 환경적 입력들, 내적 상태들, 출력 반응들의 관계 속에서 인간이 통증으로 분류하는 것과 같은 역할을 하지만, 그 주관적 느낌은 혹시 통증이 아니라 간지러움일지도 모르기 때문이다.

① A는 인간과 달리 그들의 통증을 실현하는 물리적 상태가 아직 확인되지 않았으므로, 그들의 통증과 인간의 통증이 동일한지 확정할 수 없다고 판단할 것이다.

② A는 그들과 인간이 대응하는 심리 상태를 지시하는 데 사용하는 단어가 엄격하게 동일하므로, 그들의 통증과 인간의 통증은 동일한 심리 상태를 가리키는 말이라고 판단할 것이다.

③ A는 그들과 인간이 동일한 단어로 지시하는 심리 상태가 동일한 주관적 느낌인지 모르므로, 그들의 통증과 인간의 통증은 동일한 심리 상태를 가리키는지 알 수 없다고 판단할 것이다.

④ B는 그들과 인간이 각각의 통증 상태를 동일한 단어로 지시하므로, 인간의 통증과 그들의 통증이 동일한 심리 상태라고 판단할 것이다.

⑤ B는 그들과 인간이 동일한 단어로 지시하는 심리 상태가 맡고 있는 기능적 역할이 동일하므로, 인간과 그들의 주관적 느낌도 동일하다고 판단할 것이다.

[09~11] 다음 글을 읽고 물음에 답하시오.

05 MDEET

20세기 초 칸딘스키는 자신이 추구해 온 추상화 운동을 보완할 새로운 사실주의의 출현을 예견했다. 사실적 회화는 대상을 재현한다. 현대 추상화가들에 의해 선, 면, 색채 같은 순수한 형식만으로도 그림이 성립할 수 있다는 생각이 보편화되기 이전의 모든 그림은, 그 내용이 꽃이든 전쟁의 이야기든 세계를 묘사한 재현적 그림이었다. 하지만 그림에서의 묘사는 그 대상이 무엇이든 또한 형식을 동반한다. 예를 들어, 장미 꽃잎의 붉은색과 윤곽선, 그것과 항아리의 흰색 면과의 대조 등이 작품의 형식적 측면들이다. 그러므로 그림에서 추구해야 할 미(美)란 재현적 내용과 형식의 균형이라고 믿었던 아카데미의 화가들은 재현과 형식 그 어느 쪽에도 치우치지 않으려고 노력했다. 그러나 균형을 통한 미의 달성이라는 미술의 이상은 더 이상 칸딘스키 같은 예술가들의 목표가 아니었다. 그는 오히려 재현과 형식은 각각의 길을 가게 될 것이며, 그래서 형식만을 드러내는 추상 예술이 있는 것처럼, 실제의 대상 그대로를 드러내기 위해 형식에 대한 관심을 최소화하는 예술도 출현할 것을 예언했다.

드러낸다는 것은 베일을 벗긴다는 뜻이다. 칸딘스키에 의하면 실재를 가리는 것은 실재에 대한 우리의 친숙함이다. 우리는 세계를 당연한 것으로 받아들여, 진정으로 세계를 보려고 애써 노력하지 않는다. 예를 들어, 우리는 매일의 일상에서 신발과 마주치지만, 신발이 자신의 역할을 잘 수행하는 한 우리가 신발에 주의를 기울이는 경우는 드물다. 그러나 우리가 신발을 마치 처음 보는 것처럼 새삼스럽게 본다면, 그 형태나 낡은 가죽의 재질, 닳아 버린 뒤축 등 이 모든 것이 그 자체의 '미적 의미'를 지닌 것으로 드러난다. 이를 위해 우리는 세계와의 관련으로부터 자유로워야만 한다. 우리에게 세계로부터 한발 물러서는 발걸음을 내딛도록 하는 것, 이것이 바로 예술의 과제인데, 칸딘스키는 전통적인 예술의 방법으로는 더 이상 이러한 과제가 충족될 수 없다고 믿었다. 그래서 사람들이 자신들 앞에 놓여 있는 것을 경이로운 마음으로 바라보게 하는 방법으로 추상과 새로운 사실주의를 제안했다.

사실주의는 자연에 충실하라고 가르치지만, 새로운 사실주의는 엄밀한 재현을 거부할 것이다. 드러냄을 방해할 수 있기 때문이다. 그려지는 대상은 변형될 필요가 있다. 그러나 세계에 너무나 깊숙이 개입되어 있어서 실재를 보는 데에 필요한 거리를 취하지 못하고 있는 우리는 오히려 그와 같은 변형을 실재로부터의 이탈로 판단하게 될 것이다. 만약 우리가 익숙한 관점을 포기하지 않는다면, 우리에게 ㉠ <u>칸딘스키가 말하는 새로운 사실주의는, 사실주의라는 명칭의 오용이 된다.</u> 실재를 꿈으로 변형시켰다고 생각할 수밖에 없기 때문이다. 그러나 또 다른 관점에서는 이러한 변형이야말로 인간의 눈을 실재에로 열어 놓았다고 말할 수 있다. 이때 전환은 실재로부터의 전환이 아니라 실재를 향한 전환으로 해석되는 것이다.

09. 새로운 사실주의의 입장에서 ㉠에 대하여 제기할 수 있는 반론은?

① 화가의 임무는 꿈의 세계를 형상화하는 것이지 평범한 현실을 재현하는 것이 아니다.
② 보이는 대로의 자연에 충실하라는 것도 하나의 예술적 이상에 따른 기획이다.
③ 예술은 항상 무언가에 관한 것이므로, 재현적 내용을 포기할 수는 없다.
④ 친숙한 사물에 대한 왜곡 없이는 작가의 정서를 드러낼 수 없다.
⑤ 극단적이지 않았을 뿐, 예술은 언제나 형식을 추구해 왔다.

10. 칸딘스키의 논증 구조를 정리하시오.

<table>
<tr><th>대상</th><th>기존의 미술(사실주의)</th><th>추상</th><th>새로운 사실주의</th></tr>
<tr><td rowspan="2">내용과 형식의 관계</td><td rowspan="2"></td><td></td><td></td></tr>
<tr><td colspan="2"></td></tr>
<tr><td>공통 목표</td><td colspan="3"></td></tr>
</table>

11. 칸딘스키와 사실주의의 논쟁 구조를 정리하시오.

관점	사실주의	칸딘스키
주장		
근거		

[12~17] 다음 글을 읽고 물음에 답하시오.

22 수능

(가)

㉠ 정립-반정립-종합. 변증법의 논리적 구조를 일컫는 말이다. 변증법에 따라 철학적 논증을 수행한 인물로는 단연 헤겔이 거명된다. 변증법은 대등한 위상을 지니는 세 범주의 병렬이 아니라, 대립적인 두 범주가 조화로운 통일을 이루어 가는 수렴적 상향성을 구조적 특징으로 한다. 헤겔에게서 변증법은 논증의 방식임을 넘어, 논증 대상 자체의 존재 방식이기도 하다. 즉 세계의 근원적 질서인 '이념'의 내적 구조도, 이념이 시 · 공간적 현실로서 드러나는 방식도 변증법적이기에, 이념과 현실은 하나의 체계를 이루며, 이 두 차원의 원리를 밝히는 철학적 논증도 변증법적 체계성을 지녀야 한다.

헤겔은 미학도 철저히 변증법적으로 구성된 체계 안에서 다루고자 한다. 그에게서 미학의 대상인 예술은 종교, 철학과 마찬가지로 '절대정신'의 한 형태이다. 절대정신은 절대적 진리인 '이념'을 인식하는 인간 정신의 영역을 가리킨다. 예술 · 종교 · 철학은 절대적 진리를 동일한 내용으로 하며, 다만 인식 형식의 차이에 따라 구분된다. 절대정신의 세 형태에 각각 대응하는 형식은 직관 · 표상 · 사유이다. '직관'은 주어진 물질적 대상을 감각적으로 지각하는 지성이고, '표상'은 물질적 대상의 유무와 무관하게 내면에서 심상을 떠올리는 지성이며, '사유'는 대상을 개념을 통해 파악하는 순수한 논리적 지성이다. 이에 세 형태는 각각 '직관하는 절대정신', '표상하는 절대정신', '사유하는 절대정신'으로 규정된다. 헤겔에 따르면 직관의 외면성과 표상의 내면성은 사유에서 종합되고, 이에 맞춰 예술의 객관성과 종교의 주관성은 철학에서 종합된다.

형식 간의 차이로 인해 내용의 인식 수준에는 중대한 차이가 발생한다. 헤겔에게서 절대정신의 내용인 절대적 진리는 본질적으로 논리적이고 이성적인 것이다. 이러한 내용을 예술은 직관하고 종교는 표상하며 철학은 사유하기에, 이 세 형태 간에는 단계적 등급이 매겨진다. 즉 예술은 초보 단계의, 종교는 성장 단계의, 철학은 완숙 단계의 절대정신이다. 이에 따라 ㉡ 예술-종교-철학 순의 진행에서 명실상부한 절대정신은 최고의 지성에 의거하는 것, 즉 철학뿐이며, 예술이 절대정신으로 기능할 수 있는 것은 인류의 보편적 지성이 미발달된 머나먼 과거로 한정된다.

(나)

변증법의 매력은 '종합'에 있다. 종합의 범주는 두 대립적 범주 중 하나의 일방적 승리로 끝나도 안 되고, 두 범주의 고유한 본질적 규정이 소멸되는 중화 상태로 나타나도 안 된다. 종합은 양자의 본질적 규정이 유기적 조화를 이루어 질적으로 고양된 최상의 범주가 생성됨으로써 성립하는 것이다.

헤겔이 강조한 변증법의 탁월성도 바로 이것이다. 그러기에 변증법의 원칙에 최적화된 엄밀하고도 정합적인 학문 체계를 조탁하는 것이 바로 그의 철학적 기획이 아니었던가. 그런데 그가 내놓은 성과물들은 과연 그 기획을 어떤 흠결도 없이 완수한 것으로 평가될 수 있을까? 미학에 관한 한 '그렇다'는 답변은 쉽지 않을 것이다. 지성의 형식을 직관-표상-사유 순으로 구성하고 이에 맞춰 절대정신을 예술-종교-철학 순으로 편성한 전략은 외관상으로는 변증법 모델에 따른 전형적 구성으로 보인다. 그러나 실질적 내용을 보면 직관으로부터 사유에 이르는 과정에서는 외면성이 점차 지워지고 내면성이 점증적으로 강화 · 완성되고 있음이, 예술로부터 철학에 이르는 과정에서는 객관성이 점차 지워지고 주관성이 점증적으로 강화 · 완성되고 있음이 확연히 드러날 뿐, 진정한 변증법적 종합은 이루어지지 않는다. 직관의 외면성 및 예술의 객관성의 본질은 무엇보다도 감각적 지각성인데, 이러한 핵심 요소가 그가 말하는 종합의 단계에서는 완전히 소거되고 만다.

변증법에 충실하려면 헤겔은 철학에서 성취된 완전한 주관성이 재객관화되는 단계의 절대정신을 추가했어야 할 것이다. 예술은 '철학 이후'의 자리를 차지할 수 있는 유력한 후보이다. 실제로 많은 예술 작품은 '사유'를 매개로 해서만 설명되지 않는가. 게다가 이는 누구보다도 풍부한 예술적 체험을 한 헤겔 스스로가 잘 알고 있지 않은가. 이 때문에 방법과 철학 체계 간의 이러한 불일치는 더욱 아쉬움을 준다.

12. 아래의 13~17번 문제가 무엇을 묻고 있는지 감안하여, 윗글의 구조를 정리하시오.

(1) (가): 헤겔의 논증

정립	반정립	종합

(2) (가)와 (나) 논증의 공통점과 차이점

구분	(가)	(나)
공통점		
차이점		

13. (가)와 (나)에 대한 설명으로 가장 적절한 것은?

① (가)와 (나)는 모두 특정한 철학적 방법에 기반한 체계를 바탕으로 예술의 상대적 위상을 제시하고 있다.
② (가)와 (나)는 모두 특정한 철학적 방법에 대한 상반된 평가를 바탕으로 더 설득력 있는 미학 이론을 모색하고 있다.
③ (가)와 달리 (나)는 특정한 철학적 방법의 시대적 한계를 지적하고 이에 맞서는 혁신적 방법을 제안하고 있다.
④ (가)와 달리 (나)는 특정한 철학적 방법에서 파생된 미학 이론을 바탕으로 예술 장르를 범주적으로 유형화하고 있다.
⑤ (나)와 달리 (가)는 특정한 철학적 방법의 통시적인 변화 과정을 적용하여 철학사를 단계적으로 설명하고 있다.

14. (가)에서 알 수 있는 헤겔의 생각으로 적절하지 않은 것은?

① 예술·종교·철학 간에는 인식 내용의 동일성과 인식 형식의 상이성이 존재한다.

② 세계의 근원적 질서와 시·공간적 현실은 하나의 변증법적 체계를 이룬다.

③ 절대정신의 세 가지 형태는 지성의 세 가지 형식이 인식하는 대상이다.

④ 변증법은 철학적 논증의 방법이자 논증 대상의 존재 방식이다.

⑤ 절대정신의 내용은 본질적으로 논리적이고 이성적인 것이다.

15. (가)에 따라 직관·표상·사유의 개념을 적용한 것으로 적절하지 않은 것은?

① 먼 타향에서 밤하늘의 별들을 바라보는 것은 직관을 통해, 같은 곳에서 고향의 하늘을 상기하는 것은 표상을 통해 이루어지겠군.

② 타임머신을 타고 미래로 가는 자신의 모습을 상상하는 것과, 그 후 판타지 영화의 장면을 떠올려 보는 것은 모두 표상을 통해 이루어지겠군.

③ 초현실적 세계가 묘사된 그림을 보는 것은 직관을 통해, 그 작품을 상상력 개념에 의거한 이론에 따라 분석하는 것은 사유를 통해 이루어지겠군.

④ 예술의 새로운 개념을 설정하는 것은 사유를 통해, 이를 바탕으로 새로운 감각을 일깨우는 작품의 창작을 기획하는 것은 직관을 통해 이루어지겠군.

⑤ 도덕적 배려의 대상을 생물학적 상이성 개념에 따라 규정하는 것과, 이에 맞서 감수성 소유 여부를 새로운 기준으로 제시하는 것은 모두 사유를 통해 이루어지겠군.

16. (나)의 글쓴이의 관점에서 ㉠과 ㉡에 대한 헤겔의 이론을 분석한 것으로 적절하지 않은 것은?

① ㉠과 ㉡ 모두에서 첫 번째와 두 번째의 범주는 서로 대립한다.
② ㉠과 ㉡ 모두에서 두 번째와 세 번째 범주 간에는 수준상의 차이가 존재한다.
③ ㉠과 달리 ㉡에서는 범주 간 이행에서 첫 번째 범주의 특성이 갈수록 강해진다.
④ ㉡과 달리 ㉠에서는 세 번째 범주에서 첫 번째와 두 번째 범주의 조화로운 통일이 이루어진다.
⑤ ㉡과 달리 ㉠에서는 범주 간 이행에서 수렴적 상향성이 드러난다.

17. <보기>는 헤겔과 (나)의 글쓴이가 나누는 가상의 대화의 일부이다. ㉮에 들어갈 내용으로 가장 적절한 것은?

〈보 기〉

헤겔: 괴테와 실러의 문학 작품을 읽을 때 놓치지 않아야 할 점이 있네. 이 두 천재도 인생의 완숙기에 이르러서야 비로소 최고의 지성적 통찰을 진정한 예술미로 승화시킬 수 있었네. 그에 비해 초기의 작품들은 미적으로 세련되지 못해 결코 수준급이라 할 수 없었는데, 이는 그들이 아직 지적으로 미성숙했기 때문이었네.

(나)의 글쓴이: 방금 그 말씀과 선생님의 기본 논증 방법을 연결하면 [㉮]는 말이 됩니다.

① 이론에서는 대립적 범주들의 종합을 이루어야 하는 세 번째 단계가 현실에서는 그 범주들을 중화한다
② 이론에서는 외면성에 대응하는 예술이 현실에서는 내면성을 바탕으로 하는 절대정신일 수 있다
③ 이론에서는 반정립 단계에 위치하는 예술이 현실에서는 정립 단계에 있는 것으로 나타난다
④ 이론에서는 객관성을 본질로 하는 예술이 현실에서는 객관성이 사라진 주관성을 지닌다
⑤ 이론에서는 절대정신으로 규정되는 예술이 현실에서는 진리의 인식을 수행할 수 없다

정답 및 해설 p.107

PART 04

설명 지문 정리

[01~05] 다음 글을 읽고 물음에 답하시오.

과거에 일어난 금융위기에 대해 많은 연구가 진행되었어도 그 원인에 대해 의견이 모아지지 않는 경우가 대부분이다. 이것은 금융위기가 여러 차원의 현상이 복잡하게 얽혀 발생하는 문제이기 때문이기도 하지만, 사람들의 행동이나 금융 시스템의 작동 방식을 이해하는 시각이 다양하기 때문이기도 하다. 은행위기를 중심으로 금융위기에 관한 주요 시각을 다음과 같은 네 가지로 분류할 수 있다. 이들이 서로 배타적인 것은 아니지만 주로 어떤 시각에 기초해서 금융위기를 이해하는가에 따라 그 원인과 대책에 대한 의견이 달라진다고 할 수 있다.

우선, 은행의 지불능력이 취약하다고 많은 예금주들이 예상하게 되면 실제로 은행의 지불능력이 취약해지는 현상, 즉 ㉠ '자기실현적 예상'이라 불리는 현상을 강조하는 시각이 있다. 예금주들이 예금을 인출하려는 요구에 대응하기 위해 은행이 예금의 일부만을 지급준비금으로 보유하는 부분준비제도는 현대 은행 시스템의 본질적 측면이다. 이 제도에서는 은행의 지불능력이 변화하지 않더라도 예금주들의 예상이 바뀌면 예금 인출이 쇄도하는 사태가 일어날 수 있다. 예금은 만기가 없고 선착순으로 지급하는 독특한 성격의 채무이기 때문에, 지불능력이 취약해져서 은행이 예금을 지급하지 못할 것이라고 예상하게 된 사람이라면 남보다 먼저 예금을 인출하는 것이 합리적이기 때문이다. 이처럼 예금 인출이 쇄도하는 상황에서 예금 인출 요구를 충족시키려면 은행들은 현금 보유량을 늘려야 한다. 이를 위해 은행들이 앞다투어 채권이나 주식, 부동산과 같은 자산을 매각하려고 하면 자산 가격이 하락하게 되므로 은행들의 지불능력이 실제로 낮아진다.

둘째, ㉡ 은행의 과도한 위험 추구를 강조하는 시각이 있다. 주식회사에서 주주들은 회사의 모든 부채를 상환하고 남은 자산의 가치에 대한 청구권을 갖는 존재이고 통상적으로 유한책임을 진다. 따라서 회사의 자산 가치가 부채액보다 더 커질수록 주주에게 돌아올 이익도 커지지만, 회사가 파산할 경우에 주주의 손실은 그 회사의 주식에 투자한 금액으로 제한된다. 이러한 ⓐ 비대칭적인 이익 구조로 인해 수익에 대해서는 민감하지만 위험에 대해서는 둔감하게 된 주주들은 고위험 고수익 사업을 선호하게 된다. 결과적으로 주주들이 더 높은 수익을 얻기 위해 감수해야 하는 위험을 채권자에게 전가하는 것인데, 자기자본비율이 낮을수록 이러한 동기는 더욱 강해진다. 은행과 같은 금융 중개 기관들은 대부분 부채비율이 매우 높은 주식회사 형태를 띤다.

셋째, ㉢ 은행가의 은행 약탈을 강조하는 시각이 있다. 전통적인 경제 이론에서는 은행의 부실을 과도한 위험 추구의 결과로 이해해왔다. 하지만 최근에는 은행가들에 의한 은행 약탈의 결과로 은행이 부실해진다는 인식도 강해지고 있다. 과도한 위험 추구는 은행의 수익률을 높이려는 목적으로 은행의 재무 상태를 악화시킬 위험이 큰 행위를 은행가가 선택하는 것이다. 이에 비해 은행 약탈은 은행가가 자신에게 돌아올 이익을 추구하여 은행에 손실을 초래하는 행위를 선택하는 것이다. 예를 들어 은행가들이 자신이 지배하는 은행으로부터 남보다 유리한 조건으로 대출을 받는다거나, 장기적으로 은행에 손실을 초래할 것을 알면서도 자신의 성과급을 높이기 위해 단기적인 성과만을 추구하는 행위 등은, 지배 주주나 고위 경영자의 지위를 가진 은행가가 은행에 대한 지배력을 사적인 이익을 위해 사용한다는 의미에서 약탈이라고 할 수 있다.

넷째, ㉣ 이상 과열을 강조하는 시각이 있다. 위의 세 가지 시각과 달리 이 시각은 경제 주체의 행동이 항상 합리적으로 이루어지는 것은 아니라는 관찰에 기초하고 있다. 예컨대 많은 사람들이 자산 가격이 일정 기간 상승하면 앞으로도 계속 상승할 것이라 예상하고, 일정 기간 하락하면 앞으로도 계속 하락할 것이라 예상하는 경향을 보인다. 이 경우 자산 가격 상승은 부채의 증가를 낳고 이는 다시 자산 가격의 더 큰 상승을 낳는다. 이러한 상승작용으로 인해 거품이 커지는 과정은 경제 주체들의 부채가 과도하게 늘어나 금융 시스템을 취약하게 만들게 되므로, 거품이 터져 금융 시스템이 붕괴하고 금융위기가 일어날 현실적 조건을 강화시킨다.

01. 아래의 02~05번 문제가 무엇을 묻고 있는지 감안하여, 윗글의 구조를 정리하시오.

관점	㉠	㉡	㉢	㉣
금융위기의 원인				

02. ㉠~㉣에 대한 설명으로 적절하지 않은 것은?

① ㉠은 은행 시스템의 제도적 취약성을 바탕으로 나타나는 예금주들의 행동에 주목하여 금융위기를 설명한다.
② ㉡은 경영자들이 예금주들의 이익보다 주주들의 이익을 우선한다는 전제 하에 금융위기를 설명한다.
③ ㉢은 은행의 일부 구성원들의 이익 추구가 은행을 부실하게 만들 가능성에 기초하여 금융위기를 이해한다.
④ ㉣은 경제 주체의 행동에 대한 귀납적 접근에 기초하여 금융위기를 이해한다.
⑤ ㉠과 ㉣은 모두 경제 주체들의 예상이 그대로 실현된 결과가 금융위기라고 본다.

03. ⓐ와 관련한 설명으로 적절하지 않은 것은?

① 파산한 회사의 자산 가치가 부채액에 못 미칠 경우에 주주들이 져야 할 책임은 한정되어 있다.
② 회사의 자산 가치에서 부채액을 뺀 값이 0보다 클 경우에, 그 값은 원칙적으로 주주의 몫이 된다.
③ 회사가 자산을 다 팔아도 부채를 다 갚지 못할 경우에, 얼마나 많이 못 갚는지는 주주들의 이해와 무관하다.
④ 주주들이 선호하는 고위험 고수익 사업은 성공한다면 회사가 큰 수익을 얻지만, 실패한다면 회사가 큰 손실을 입을 가능성이 높다.
⑤ 주주들이 고위험 고수익 사업을 선호하는 것은, 이런 사업이 회사의 자산 가치와 부채액 사이의 차이가 줄어들 가능성을 높이기 때문이다.

04. 윗글에 제시된 네 가지 시각으로 <보기>의 사례를 평가할 때 가장 적절한 것은?

〈보 기〉

1980년대 후반에 A국에서 장기 주택담보 대출에 전문화한 은행인 저축대부조합들이 대량 파산하였다. 이 사태와 관련하여 다음과 같은 사실들이 주목받았다.

○ 1970년대 이후 석유 가격 상승으로 인해 부동산 가격이 많이 오른 지역에서 저축대부조합들의 파산이 가장 많았다.
○ 부동산 가격의 상승을 보고 앞으로도 자산 가격의 상승이 지속될 것을 예상하고 빚을 얻어 자산을 구입하는 경제 주체들이 늘어났다.
○ A국의 정부는 투자 상황을 낙관하여 저축대부조합이 고위험채권에 투자할 수 있도록 규제를 완화하였다.
○ 예금주들이 주인이 되는 상호회사 형태였던 저축대부조합들 중 다수가 1980년대에 주식회사 형태로 전환하였다.
○ 파산 전에 저축대부조합의 대주주와 경영자들에 대한 보상이 대폭 확대되었다.

① ㉠은 위험을 감수하고 고위험채권에 투자한 정도와 고위 경영자들에게 성과급 형태로 보상을 지급한 정도가 비례했다는 점을 들어, 은행의 고위 경영자들을 비판할 것이다.
② ㉡은 부동산 가격 상승에 대한 기대 때문에 예금주들이 책임질 수 없을 정도로 빚을 늘려 은행이 위기에 빠진 점을 들어, 예금주의 과도한 위험 추구 행태를 비판할 것이다.
③ ㉢은 저축대부조합들이 주식회사로 전환한 점을 들어, 고위험채권 투자를 감행한 결정이 궁극적으로 예금주의 이익을 더욱 증가시켰다고 은행을 옹호할 것이다.
④ ㉢은 저축대부조합이 정부의 규제 완화를 틈타 고위험채권에 투자하는 공격적인 경영을 한 점을 들어, 저축대부조합들의 행태를 용인한 예금주들을 비판할 것이다.
⑤ ㉣은 차입을 늘린 투자자들, 고위험채권에 투자한 저축대부조합들, 규제를 완화한 정부 모두 낙관적인 투자 상황이 지속될 것이라고 예상한 점을 들어, 그 경제 주체 모두를 비판할 것이다.

05. ㉠~㉣에 따른 금융위기 대책에 대한 설명으로 적절하지 않은 것은?

① 은행이 파산하는 경우에도 예금 지급을 보장하는 예금 보험 제도는 ㉠에 따른 대책이다.
② 일정 금액 이상의 고액 예금은 예금 보험 제도의 보장 대상에서 제외하는 정책은 ㉠에 따른 대책이다.
③ 은행들로 하여금 자기자본비율을 일정 수준 이상으로 유지하도록 하는 건전성 규제는 ㉡에 따른 대책이다.
④ 금융 감독 기관이 은행 대주주의 특수 관계인들의 금융 거래에 대해 공시 의무를 강조하는 정책은 ㉢에 따른 대책이다.
⑤ 주택 가격이 상승하여 서민들의 주택 구입이 어려워질 때 담보 가치 대비 대출 한도 비율을 줄이는 정책은 ㉣에 따른 대책이다.

[06~07] 다음 글을 읽고 물음에 답하시오.

11 LEET

호펠드는 “누가 무언가에 관한 권리를 가진다.”라는 문장이 의미하는 바가 무엇인지를 분석하고 권리 개념을 명확히 할 것을 제안했다. 그는 모든 권리 문장이 상대방의 관점에서 재구성될 수 있다고 보았다. 법률가들이 ‘사람에 대한 권리’와 구별해서 이해하고 있는 이른바 ‘물건에 대한 권리’도 어디까지나 ‘모든 사람’을 상대로 주장할 수 있는 권리일 뿐이므로 예외가 될 수 없다고 한다. 또한 그는 법률가들이 권리라는 단어를 서로 다른 네 가지 지위를 나타내는 데 사용하고 있음을 밝힘으로써 권리자와 그 상대방의 지위를 나타내는 네 쌍의 근본 개념을 확정할 수 있었다. 결국 모든 법적인 권리 분쟁은 이들 개념을 이용하여 진술될 수 있을 것이다.

각각의 개념들을 살펴보면 다음과 같다. 첫째, 청구권은 상대방에게 특정한 행위를 요구할 수 있는 권리이며, 상대방은 그 행위를 할 의무를 지게 된다. 둘째, 자유권은 특정한 행위에 대한 상대방의 요구를 따르지 않아도 되는 권리이며, 상대방에게는 그 행위를 요구할 청구권이 없다. 셋째, 형성권은 상대방의 법적 지위를 변동시킬 수 있는 권리인데, 이러한 권리자의 처분이 있으면 곧 지위 변동을 겪게 된다는 것 자체가 바로 상대방이 현재 점하고 있는 지위, 곧 피형성적 지위인 것이다. 넷째, 면제권은 상대방의 처분에 따라 자신의 지위 변동을 겪지 않을 권리이며, 상대방에게는 그러한 처분을 할 만한 형성권이 없다.

호펠드는 이러한 근본 개념들 간에 존재하는 미묘한 차이와 관계적 특성을 분명히 함으로써 권리 문장이 지켜야 할 가장 기초적인 문법을 완성하고 있다. 그에 따르면 청구권이 상대방의 행위를 직접적으로 통제하는 데 비해, 형성권은 상대방과의 법률관계를 통제하는 결과 그의 행위에 대한 통제도 이루게 되는 차이가 있다. 또한 청구권이 상대방을 향한 적극적인 주장이라면 자유권은 그러한 주장으로부터의 해방이며, 형성권이 상대방과의 법률관계에 대한 적극적인 처분이라면 면제권은 그러한 처분으로부터의 해방으로 볼 수 있다. 그리고 두 사람 사이의 단일한 권리 관계 내에서 볼 때 만일 누군가 청구권을 가지고 있다면 그 상대방은 동시에 자유권을 가질 수 없고, 만일 누군가 형성권을 가지고 있다면 그 상대방은 동시에 면제권을 가질 수 없다. 마찬가지로 자유권자의 상대방은 동시에 청구권을 가질 수 없고, 면제권자의 상대방 또한 동시에 형성권을 가질 수 없다.

06. 아래의 07번 문제가 무엇을 묻는지 감안하여 윗글을 정리하시오.

구분	본인	상대방
청구권		
자유권		
형성권		
면제권		

07. 두 사람 사이의 단일한 권리 관계에서 볼 때, 권리의 문법에 대한 이해로 옳지 <u>않은</u> 것은?

① 누가 어떤 권리를 가지면 상대방이 일정한 의무를 가진다는 판단을 내릴 경우가 있다.
② 누가 어떤 권리를 가지면 동시에 그는 일정한 의무를 가진다는 판단을 내릴 경우가 있다.
③ 누가 어떤 권리를 가지면 상대방이 일정한 권리를 갖지 않는다는 판단을 내릴 경우가 있다.
④ 누가 어떤 권리를 갖지 않으면 동시에 그는 일정한 의무를 가진다는 판단을 내릴 경우가 있다.
⑤ 누가 어떤 권리를 갖지 않으면 상대방이 일정한 의무를 갖지 않는다는 판단을 내릴 경우가 있다.

[08~11] 다음 글을 읽고 물음에 답하시오.

09 LEET

VOD(Video on Demand)는 사용자의 요청에 따라 서버가 네트워크를 통해 비디오 콘텐츠를 실시간으로 전송하고, 동시에 수신 측에서 이와 연동하여 이를 재생하는 서비스를 말한다. 콘텐츠가 실시간으로 전송될 때는 허용 시간 내에 데이터가 전달되는 것이 중요하므로, 공중파 방송처럼 데이터를 통신망으로 퍼뜨리는 형태를 취한다. 콘텐츠의 전송은 소프트웨어적으로 정의되는 채널을 통해 일어나는데, 한 채널은 콘텐츠 데이터 블록의 출구 역할을 하며 단위 시간당 전송하는 데이터의 양을 의미하는 '대역'으로 그 크기를 나타낸다. 한편 한 서버가 가지는 수용 가능한 대역의 크기, 즉 최대 전송 능력을 '대역폭'이라고 하고 초당 전송 비트 수로 나타낸다.

VOD의 여러 방법 가운데 사용자의 요청마다 각각의 채널을 생성하여 서비스하는 방법을 'RVOD(Real VOD)'라고 한다. 각 전송 채널이 사용자별로 독립되어 있으므로 사용자가 직접 '일시 정지', '빨리 감기' 등과 같은 실시간 전송 제어를 할 수 있어 상대적으로 사용자의 편리성이 높고, 제한된 대역폭으로도 다양한 콘텐츠의 동시 서비스가 가능하다. 그러나 동시 접속 사용자의 수에 비례하여 서버가 전송해야 하는 전체 데이터의 양이 증가하므로, 대역폭의 제한이 있는 상황에서는 동시 접속이 가능한 사용자의 수에 한계가 있다.

이 단점을 극복하기 위해 제시된 NVOD(Near VOD)는 일정 시간 동안에 들어온 서비스 요청을 묶어 한 채널에 다수의 수신자가 동시에 접속되는 형태를 통해 서비스하는 방식이다. NVOD의 한 채널은 동시 접속 수신자 수에 상관없이 일정한 대역을 필요로 하므로 동시 접속 사용자 수의 제한을 극복할 수 있지만, 사용자가 서비스를 받기 위해 일정 시간을 기다려야 하는 불편이 있다. 서비스 제공자의 입장에서 볼 때 사용자가 서비스 요청을 취소하지 않고 참을 수 있는 대기 시간을 '허용 대기 시간'이라고 하는데, 이것은 VOD의 질을 결정하는 중요한 요소이다.

'시간 분할 NVOD'는 동일 콘텐츠가 여러 채널에서 시간 간격을 두고 반복 전송되도록 함으로써 대기 시간을 줄이는 방법이다. 사용자는 요청 시점 이후 대기 시간이 가장 짧은 채널에서 수신 대기하게 되고, 그 채널의 전송이 데이터 블록의 첫 부분부터 다시 시작될 때 수신이 시작된다. 이때 대기 시간은 서버의 채널 수나 콘텐츠의 길이에 따라 결정되는데, 120분 길이의 영화를 12개의 채널을 통하여 10분 간격으로 전송하면 대기 시간은 10분 이내가 된다. 대기 시간을 줄이려면 많은 수의 채널이 필요한데, 1분 이내로 만들려면 120개의 채널이 필요하다.

'데이터 분할 NVOD'는 콘텐츠를 여러 데이터 블록으로 나누고 각각을 여러 채널에서 따로 전송하는 방법을 사용하여 대기 시간을 조절한다. 첫 번째 블록을 적당한 크기로 만들어, 이어지는 블록의 크기가 순차적으로 2배씩 증가하면서도 블록 수가 이용 가능한 채널 수만큼 되도록 전체 콘텐츠를 나눈다. 각 채널에서는 순서대로 할당된 블록의 전송을 동시에 시작하고, 각 블록의 크기에 따라 주기적으로 전송을 반복한다. 수신 측은 요청 시점 이후 첫 번째 블록부터 순서대로 콘텐츠를 받게 되는데, 블록의 수신이 끝나면 이어질 블록이 전송되는 채널로 자동 변경되어 그 블록의 시작 부분부터 수신된다. 단, 채널의 대역이 콘텐츠의 재생에 필요한 것보다 2배 이상 커야만 이미 받은 분량이 재생되는 동안 이어질 블록의 수신이 보장되고 연속 재생이 가능하다.

이 방법은 첫 블록의 크기가 상대적으로 작아지므로 대기 시간을 줄일 수 있다. 앞선 예에서 120분 분량을 2배속인 6개의 채널을 통해 서비스하면 대기 시간은 1분 이내가 된다. 따라서 시간 분할 방법에 비해 동일한 대역폭을 점유하면서도 대기 시간을 90% 이상 감소시킬 수 있으며, 대기 시간 대비 사용 채널 수가 줄어들어 한 서버에서 동시에 서비스 가능한 콘텐츠의 종류를 늘릴 수 있다. 하지만 전체 콘텐츠의 전송에 걸리는 시간이 콘텐츠의 전체 재생 시간의 절반 이하이므로 각 채널이 2배 이상의 전송 능력을 유지해야 하며, 콘텐츠의 절반에 해당하는 데이터를 저장할 수 있는 공간이 수신 측에 반드시 필요하다.

NVOD는 공통적으로 대기 시간 조절을 위해 다중 채널을 이용하므로 서비스에 필요한 일정한 대역폭을 늘 확보해야 한다. 따라서 콘텐츠당 동시 접속 사용자가 적을 경우에는 그리 효율적이지 못하다. 극단적으로 한 명의 사용자가 있을 경우라도 위의 예에서는 6개의 채널에 필요한 대역폭을 점유해야 하므로 네트워크 자원의 낭비가 심하다.

08. 아래의 09~11번 문제가 무엇을 묻고 있는지 감안하여, 윗글의 구조를 정리하시오.

개념	기준	
	대기시간	사용자 수
RVOD		
NVOD		

개념	기준	
	대기시간	재생 가능 콘텐츠 수
시간 분할 NVOD		
데이터 분할 NVOD		

09. 윗글의 내용과 일치하는 것은?

① RVOD에서 콘텐츠 전송에 필요한 대역의 총합은 동시 접속 사용자 수에 상관없이 일정하다.
② 시간 분할 NVOD와 데이터 분할 NVOD에서는 모두 재생 중에 수신 채널 변경이 필요하다.
③ 시간 분할 NVOD에서는 크기가 다른 데이터 블록이 각 채널에서 반복 전송된다.
④ 데이터 분할 NVOD에서 데이터 블록의 크기는 사용 채널 수에 상관없이 결정될 수 있다.
⑤ 데이터 분할 NVOD에서 각 채널의 전송 반복 시간은 데이터 블록의 재생 순서에 따라 다음 채널로 넘어가면서 2배씩 증가한다.

10. NVOD에 대해 추론한 것으로 바르지 않은 것은?

① 한 콘텐츠당 사용되는 채널의 수를 늘리면 사용자의 대기 시간을 줄일 수 있다.
② 한 채널당 수신자의 수가 다수일 수 있으므로 '일시 정지'와 같은 사용자의 편의성을 높일 수 있는 기능을 사용하기 어렵다.
③ 시간 분할 NVOD에서는 적어도 사용 채널의 수보다 많은 수의 동시 접속 사용자가 있어야 RVOD에 비해 서버에서 보내는 전체 데이터양의 감소 효과가 있다.
④ 동일한 대역폭을 가지는 서버가 한 개의 콘텐츠만 전송한다고 할 때 데이터 분할 NVOD는 시간 분할 NVOD의 절반에 해당하는 채널 수를 사용한다.
⑤ 데이터 분할 NVOD는 수신 측의 저장 공간이 반드시 필요한데, 저장 공간에 제한이 있을 경우 콘텐츠의 크기가 너무 크면 전체 내용의 재생이 어렵다.

11. 어느 지역에 VOD 서비스를 공급하기 위해 <보기>와 같이 기초 자료를 조사하였다. 이를 토대로 시간대별로 VOD 서비스 방식을 결정할 때, 가장 적절한 선택은?

〈보 기〉

조사 항목 \ 시간	아침, 낮	저녁, 밤	심야
서비스 요청자 수는 얼마나 많은가?	많다	많다	적다
요청 콘텐츠의 수는 얼마나 많은가?	적다	보통	많다
허용 대기 시간은 얼마나 긴가?	길다	보통	짧다

	아침, 낮	저녁, 밤	심야
①	RVOD	시간 분할 NVOD	데이터 분할 NVOD
②	시간 분할 NVOD	RVOD	데이터 분할 NVOD
③	시간 분할 NVOD	데이터 분할 NVOD	RVOD
④	데이터 분할 NVOD	RVOD	시간 분할 NVOD
⑤	데이터 분할 NVOD	시간 분할 NVOD	RVOD

[12~15] 다음 글을 읽고 물음에 답하시오.

22 LEET

대규모 데이터를 분석하여 데이터 속에 숨어 있는 유용한 패턴을 찾아내기 위해 다양한 기계학습 기법이 활용되고 있다. 기계학습을 위한 입력 자료를 데이터 세트라고 하며, 이를 분석하여 유용하고 가치 있는 정보를 추출할 수 있다. 데이터 세트의 각 행에는 개체에 대한 구체적인 정보가 저장되며, 각 열에는 개체의 특성이 기록된다. 개체의 특성은 범주형과 수치형으로 구분되는데, 예를 들어 '성별'은 범주형이며, '체중'은 수치형이다.

기계학습 기법의 하나인 클러스터링은 데이터의 특성에 따라 유사한 개체들을 묶는 기법이다. 클러스터링은 분할법과 계층법으로 나뉘는데, 이 둘은 모두 거리 개념에 기초하고 있다. 가장 많이 사용되는 거리 개념은 기하학적 거리이며, 두 개체 사이의 거리는 n차원으로 표현된 공간에서 두 개체를 점으로 표시할 때 두 점 사이의 직선거리이다. 거리를 계산할 때 특성들의 단위가 서로 다른 경우가 많은데, 이런 경우 특성 값을 정규화할 필요가 있다. 예를 들어 특정 과목의 학점과 출석 횟수를 기준으로 학생들을 묶을 경우 두 특성의 단위가 다르므로 두 특성 값을 모두 0과 1 사이의 값으로 정규화하여 클러스터링을 수행한다. 또한 범주형 특성에 거리 개념을 적용하려면 이를 수치형 특성으로 변환해야 한다.

분할법은 전체 데이터 개체를 사전에 정한 개수의 클러스터로 구분하는 기법으로, 모든 개체는 생성된 클러스터 가운데 어느 하나에 속한다. 〈그림 1〉에서 (b)는 (a)에 제시된 개체들을 분할법을 통해 세 개의 클러스터로 묶은 예이다. 분할법에서는 클러스터에 속한 개체들의 좌표 평균을 계산하여 클러스터 중심점을 구한다. 고전적인 분할법인 K-민즈 클러스터링(K-means clustering)에서는 거리 개념과 중심점에 기반하여 다음과 같은 과정으로 알고리즘이 진행된다.

1) 사전에 K개로 정한 클러스터 중심점을 임의의 위치에 배치하여 초기화한다.
2) 각 개체에 대해 K개의 중심점과의 거리를 계산한 후 가장 가까운 중심점에 해당 개체를 배정하여 클러스터를 구성한다.
3) 클러스터 별로 그에 속한 개체들의 좌표 평균을 계산하여 클러스터의 중심점을 다시 구한다.
4) 2)와 3)의 과정을 반복해서 수행하여 더 이상 변화가 없는 상태에 도달하면 알고리즘이 종료된다.

분할법에서는 이와 같이 개체와 중심점과의 거리를 계산하여 클러스터에 개체를 배정하므로 두 개체가 인접해 있더라도 가장 가까운 중심점이 서로 다르면 두 개체는 상이한 클러스터에 배정된다.

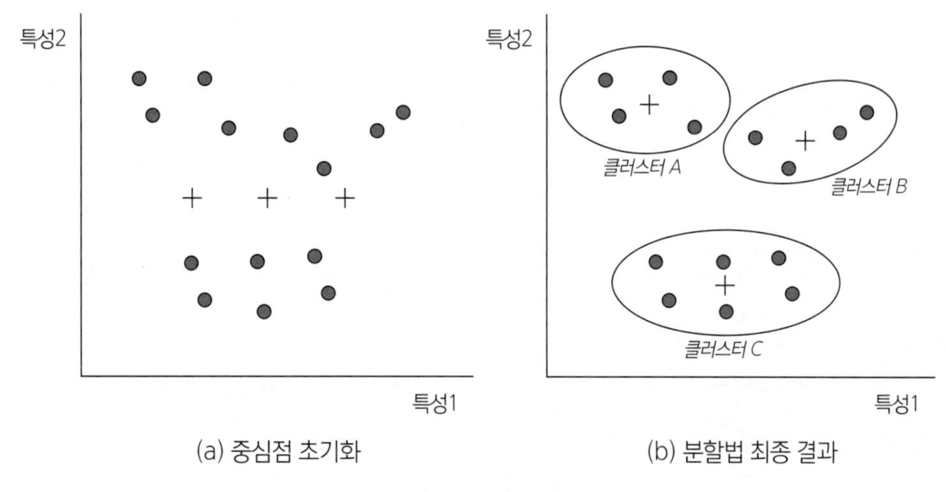

〈그림 1〉 분할법의 예

클러스터링이 잘 수행되었는지 확인하려면 클러스터링 결과를 평가하는 품질 지표가 필요하다. K-민즈 클러스터링의 경우 품질 지표는 개체와 그 개체가 해당하는 클러스터의 중심점 간 거리의 평균이다. K-민즈 클러스터링에서 K가 정해졌을 때 개체와 해당 중심점 간 거리의 평균을 최소화하는 '전체 최적해'는 확정적으로 보장되지 않는다. 알고리즘의 첫 번째 단계인 초기화를 어떻게 하느냐에 따라 클러스터링 결과가 달라질 수 있으며, 경우에 따라 좋은 결과를 찾는 데 실패할 수도 있다. 따라서 전체 최적해를 얻을 확률을 높이기 위해, 서로 다른 초기화를 시작으로 클러스터링 알고리즘을 여러 번 수행하여 나온 결과 중에 좋은 해를 찾는 방법이 흔히 사용된다. 그런데 K-민즈 클러스터링 알고리즘의 한 가지 문제는 클러스터의 개수인 K를 미리 정해야 한다는 것이다. K가 커질수록 각 개체와 해당 중심점 간 거리의 평균은 감소한다. 극단적으로 모든 개체를 클러스터로 구분할 경우 개체가 곧 중심점이므로 이들 사이의 거리의 평균값은 0으로 최소화되지만, 클러스터링의 목적에 부합하는 유용한 결과라고 보기 어렵다. 따라서 작은 수의 K로 알고리즘을 시작하여 클러스터링 결과를 구한 다음 K를 점차 증가시키면서 유의미한 품질 향상이 있는지 확인하는 방법이 자주 사용된다.

한편, 계층법은 클러스터 개수를 사전에 정하지 않아도 되는 장점이 있다. 〈그림 2〉와 같이 개체들을 거리가 가까운 것들부터 차근차근 집단으로 묶어서 모든 개체가 하나로 묶일 때까지 추상화 수준을 높여가는 상향식으로 알고리즘이 진행되어 계통도를 산출한다. 따라서 계층법은 개체들 간에 위계 관계가 있는 경우에 효과적으로 적용될 수 있다. 계통도에서 점선으로 표시된 수평선을 아래위로 이동해 가면서 클러스터링의 추상화 수준을 변경할 수 있다.

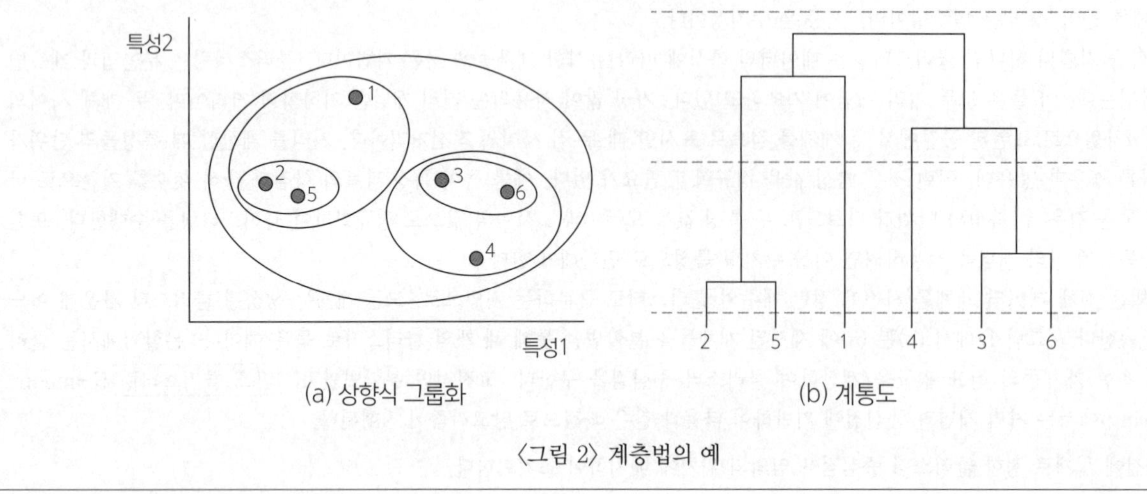

(a) 상향식 그룹화 (b) 계통도

〈그림 2〉 계층법의 예

12. 윗글의 구조를 정리하시오.

(1) 단위 개념: 데이터 세트

행	열	

(2) 클러스터링

개념	분할법	계층법
분류 기준		
공통점		
차이점		

13. 윗글의 내용과 일치하는 것은?

① 클러스터링은 개체들을 묶어서 한 개의 클러스터로 생성하는 기법이다.
② 분할법에서는 클러스터링 수행자가 정확한 계산을 통해 초기 중심점을 찾아낸다.
③ 분할법은 하향식 클러스터링 기법이므로 한 개체가 여러 클러스터에 속할 수 있다.
④ 계층법으로 계통도를 산출할 때 클러스터 개수는 미리 정하지 않는다.
⑤ 계층법의 계통도에서 수평선을 아래로 내릴 경우 추상화 수준이 높아진다.

14. K-민즈 클러스터링에 대해 추론한 것으로 적절하지 않은 것은?

① 특성이 유사한 두 개체가 서로 다른 클러스터에 배치될 수 있다.
② 초기 중심점의 배치 위치에 따라 클러스터링의 품질이 달라질 수 있다.
③ 클러스터 개수를 감소시키면 클러스터링 결과의 품질 지표 값은 증가한다.
④ 초기화를 다르게 하면서 알고리즘을 여러 번 수행하면 전체 최적해가 결정된다.
⑤ K를 정하여 알고리즘을 진행하면 각 클러스터의 중심점은 결국 고정된 점에 도달한다.

15. <보기>의 사례에 클러스터링을 적용할 때 적절하지 않은 것은?

〈보 기〉

○○기업에서는 표적 시장을 선정하여 마케팅을 실행하기 위해 전체 시장을 세분화하고자 한다. 시장 세분화를 위해 특성이 유사한 고객을 묶는 기계학습 기법 도입을 검토 중이다. 이 기업에서는 고객의 거주지, 성별, 나이, 소득 수준 등 인구통계학적인 정보와 라이프 스타일에 관한 정보 등을 보유하고 있다.

① 고객 정보에는 수치형이 아닌 것도 있어 특성의 유형 변환이 요구된다.
② 고객 특성은 세분화 과정을 통해 계통도로 표현 가능하므로 계층법이 효과적이다.
③ K-민즈 클러스터링 알고리즘을 실행하려면 세분화할 시장의 개수를 먼저 정해야 한다.
④ 나이와 소득 수준과 같이 단위가 다른 특성을 기준으로 시장을 세분화할 경우 정규화가 필요하다.
⑤ 모든 고객을 별도의 세분화된 시장들로 구분하여 1:1 마케팅을 할 경우 K-민즈 클러스터링의 품질 지표 값은 0이다.

정답 및 해설 p.113

PART 05

그림이 있는 지문 정리

01. <보기>와 같은 경우를 가정할 때, 본문의 [A]에 따라 정리한 <그림>의 각 단계에서 결정될 정책을 바르게 나열한 것은? 13 LEET

의회는 국가 정책을 결정하는 대의제 민주주의의 주요 기관이다. 미국 하원을 예로 들어 의회의 입법 과정을 설명하면 다음과 같다.

[A] 발의된 의안은 본회의 의장이 관련 상임위원회에 회부한다. 이때 의장은 의안 회부를 거부할 수 있는 문지기 권한을 지닌다. 소관 상임위원회에 상정된 의안은 수정안 제출을 포함한 심사 과정을 거쳐 합의에 이르면 과반 표결로 의결되는데, 합의에 이르지 못하면 사장된다. 상임위원회를 통과한 의안은 규칙위원회를 통과해야 한다. 규칙위원회는 본회의 의결 과정에서 수정을 전혀 허용하지 않는 수정불가 규칙 또는 무제한 수정을 허용하는 수정허용 규칙을 부여한다. 단, 규칙이 부여되지 않으면 의안은 사장된다. 본회의에 의안이 상정되면 수정불가 규칙이 부여된 경우는 가부 표결만 하며, 수정허용 규칙이 부여된 경우는 수정안이 제출되면 심사 활동을 거쳐 일반적으로 최종 수정안부터 제출된 순서의 역순으로 가부 표결을 하게 된다. 표결은 대개 과반 표결로 한다.

입법 과정은 의원들의 정치적 대표 체계의 다중성 때문에 역동적으로 나타난다. 예를 들어, 소선거구제에서 선출된 의원들은 국민 전체의 대표이자 지역구민의 대표이고, 정당의 구성원으로서 소속 정당 지지자의 대표자이기도 하다. 이러한 상황은 입법 과정의 각 단계에서 교차 압력으로 작용하여 입법 과정을 설명하거나 예측하기 어렵게 만든다. 이 같은 역동성을 상임위원회를 중심으로 설명하는 이론에는 다음 세 가지가 있다.

첫째, 이익분배 이론은 의원들의 지역구 대표성에 주목한다. 일반적으로 의원들은 자신의 지역구 이해관계를 가장 잘 대변하는 상임위원회를 자율적으로 선택하는데, 이로써 각 상임위원회는 이해관계가 유사한 지역구 의원들이 모이게 되어 강한 정책적 동질성을 가진다. 그러나 정작 상임위원회들 사이는 이해관계가 다르게 되므로 갈등 상황에 놓이게 된다. 이익분배 이론은 이러한 갈등을 해소하는 주요한 기제로 의원들 간의 지지의 교환을 든다. 가령, 지역구 이해의 강한 수요자로 서로 다른 상임위원회에 소속된 갑과 을 의원의 경우를 생각해 보자. 본회의에서 다른 상임위원회 소속 의원들의 지지를 받아야 하는 처지인 갑 의원은 을 의원에게 지원을 약속하며 그 대가로 자신의 지역구를 위한 정책을 지지해 줄 것을 요청할 것이다. 이는 상임위원회 간에 혜택의 상호 교환의 약속이 투표 거래로 실현되는 장이 된다. 이 과정에서 의회 다수나 다수당의 영향력은 상당히 축소된다.

둘째, 정보확산 이론은 의회 다수의 정책 선호를 강조한다. 의회는 지역구 수요를 위한 이익의 할당 차원을 넘어 국민 전체를 위한 본회의 중심의 입법 활동을 원활하게 할 목적을 지닌다. 이를 위해 정보확산 이론은 상임위원회가 입법 과정의 주요한 원칙인 다수주의에 의거하여 의회 다수가 원하는 방향으로 조직되어야 한다고 본다. 이 경우 상임위원회 배정 단계에서부터 본회의 주도로 각 정당의 협조를 이끌어 내는 정당 간 협의회의 역할이 중요해진다. 그리하여 각 상임위원회는 본회의의 대리인이 되어 본회의에서 의결할 정책에 대한 구체적인 정보를 생산한다. 발의된 의안이 입법화되어 집행된다면 국민 전체의 이익에 어떤 영향을 미칠지 매우 불확실한데, 상임위원회는 그러한 불확실성을 줄이기 위해 축적된 전문적 정보를 본회의의 심사 과정에 제공하는 역할을 한다.

셋째, 정당이익 이론은 의원이 정당 지지자를 대표하게 하는 정당의 역할을 중시한다. 입법 활동에 따른 정책 결과는 정당의 미래 선거에 큰 영향을 미친다. 정당은 의정 활동 결과를 최대화해 자신의 입법 성과로 지지자들에게 제시함으로써 대표성을 실현하고자 한다. 이는 동일 정당에 소속된 의원들로 하여금 다가올 선거에서 운명을 공유할 수밖에 없도록 만든다. 공동 이익의 추구는 정당 지도부의 권한을 강화하는 유인이 되며, 이는 다수당에 더욱 중요하다. 상임위원회 활동은 입법 과정 초기에 일어나는 반면, 본회의에서는 소수당의 수정안 제출 등 반대 활동이 활발하게 제기될 수 있으므로, 정당 지도부는 상임위원회 구성과 운영에서부터 주도권을 행사하려 한다. 즉 당내 의원 총회에서 의원들을 각 상임위원회에 배정하는 과정에 적극 관여하며 정당의 핵심 프로그램을 담당하는 상임위원회의 활동을 지속적으로 감독한다. 여기서 정당 지도부는 지역구의 이해관계에 민감하거나 본회의에서 소수당에 동조하는 다수당 의원들의 이탈을 방지하는 안정자 기능을 하며, 결국 상임위원회를 다수당의 대리인으로 만든다.

이처럼 상호 경쟁하는 세 가지 이론은 대의제 민주주의가 생산해 내는 정책의 본질과 성격에 대한 이해를 넓혀 주고 있다.

〈보 기〉

아래 〈표〉와 같이 구성된 의회에서 의원 갑이 '정책1'을 발의했다. 현재는 '정책2'가 시행되고 있으며 본회의 의장은 '정책2'를 선호한다. 의원들은 기권 없이 자신의 정책 선호와 가장 가까운 의안에 투표한다.

〈표〉 정책 선호에 따른 통상위원회와 본회의의 구성

			통상위원회	본회의
무역 규제	강화	정책1	13명	50명
	유지	정책2	6명	70명
	완화	정책3	6명	125명
합계			25명	245명

〈그 림〉

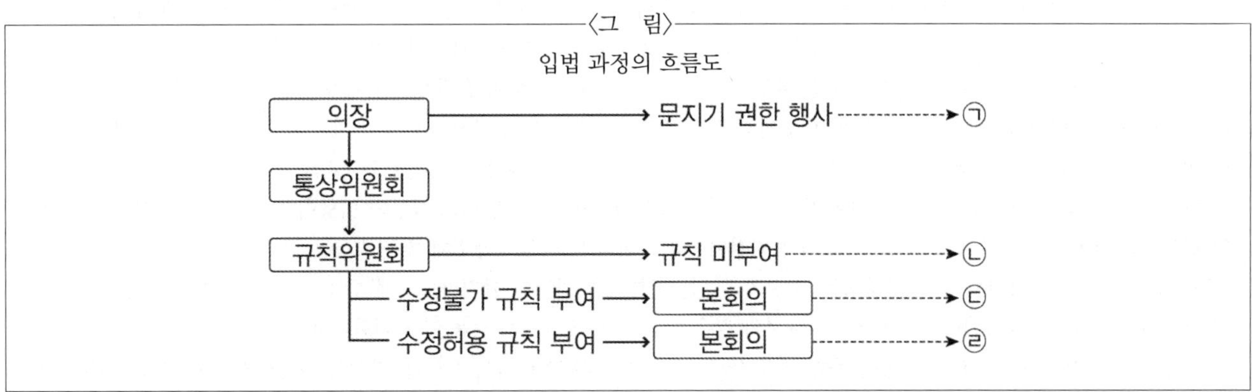

	㉠	㉡	㉢	㉣
①	정책1	정책1	정책1	정책3
②	정책1	정책1	정책2	정책1
③	정책2	정책1	정책1	정책2
④	정책2	정책2	정책2	정책3
⑤	정책2	정책2	정책3	정책2

[02~05] 다음 글을 읽고 물음에 답하시오. 12 LEET

선거에서 유권자의 정치적 선택을 설명하는 이론은 사회심리학 이론과 합리적 선택 이론으로 대별된다. 먼저 초기 사회심리학 이론은 유권자 대부분이 일관된 이념 체계를 지니고 있지 않다고 보았다. 그럼에도 유권자들이 투표 선택에서 특정 정당에 대해 지속적인 지지를 보내는 현상은 그 정당에 대한 심리적 일체감 때문이라고 주장했다. 곧 사회화 과정에서 사회 구성원들이 혈연, 지연 등에 따른 사회 집단에 대해 지니게 되는 심리적 일체감처럼 유권자들도 특정 정당을 자신과 동일시하는 태도를 지니는데, 이에 따라 유권자들은 정당의 이념이 자신의 이해관계에 유리하게 작용할 것인지 합리적으로 따지기보다 정당 일체감에 따라 투표한다는 것이다. 이에 반해 합리적 선택 이론은 유권자를 정당이 제시한 이념이 자신의 사회적 요구에 얼마나 부응하는지 그 효용을 계산하는 합리적인 존재로 보았다. 공간 이론은 이러한 합리적 선택 이론을 대표하는 이론으로, 근접 이론과 방향 이론으로 나뉜다.

초기의 근접 이론과 방향 이론은 유권자의 선택에 대해 다음과 같이 설명한다. 우선 이념 공간을 일차원 공간인 선으로 표시하고, 보수적 유권자 X, 진보 정당 A, 보수 정당 B의 이념적 위치를 그 선에 표시한다고 가정하자. 근접 이론은 X와 A, B 간의 이념 거리를 각각 '|X−A|'와 '|X−B|'로 계산한 다음, 만약 X와 A의 이념 거리가 X와 B의 경우보다 더 가깝다면 X는 A에 더 큰 효용을 느끼고 투표할 것이라고 본다. 이는 유권자 분포의 중간 지점인 중위 유권자의 위치가 양당의 선거 경쟁에서 득표 최대화 지점임을 의미한다. 그러나 과연 X가 이념 거리가 더 가깝다는 것만으로 자신과 이념이 다른 A를 지지할까? 이에 대해 방향 이론은 진보와 보수를 구분하는 이념 원점을 상정하고, 이를 기준으로 정당의 이념이 유권자의 이념과 같은 방향이되 이념 원점에서 더 먼 쪽에 위치할수록 그 정당에 대한 유권자의 효용이 증가하며, 반대로 정당의 이념이 유권자의 이념과 다른 방향일 경우에는 효용이 감소한다고 본다. 가령 이념 원점이 5라고 한다면, X의 A와 B에 대한 효용은 각각 '−|5−X|×|5−A|'와 '|5−X|×|5−B|'로 계산되는데, 이때 X는 이념 거리로는 비록 A가 가깝다 할지라도 B에 투표하게 된다. 따라서 방향 이론에서 정당에 대한 유권자의 효용은 그 정당이 유권자와 같은 이념 방향의 극단에 있을 때 최대화된다.

두 이론은 이념에 기초한 효용 계산을 통해 초기 사회심리학 이론의 '어리석은 유권자' 가설을 비판했지만 한계도 있었다. 근접 이론은 미국의 정당들이 실제 중위 유권자의 지점에 위치하지 않고 있다는 비판에, 방향 이론은 유럽 국가들에서 이념적 극단에 있는 정당이 실제로 수권한 경우가 드물다는 비판에 각각 직면했다. 이에 근접 이론은 정당이 정당 일체감을 지닌 유권자(정당 일체자)들로부터 멀어질 경우 지지가 감소할 수 있다는 점을 고려해서 실제로는 중위로부터 다소 벗어난 지점에 위치하게 된다고 이론적 틀을 보완했다. 또 방향 이론은 유권자들이 심리적으로 허용할 수 있는 이념 범위인 관용 경계라는 개념을 도입하여 정당이 관용 경계 밖에 위치하면 오히려 유권자의 효용이 감소한다는 점을 이론에 반영했다.

이러한 후기 공간 이론의 발전은 이념적 중위나 극단을 득표 최대화 지점으로 보았던 초기 공간 이론의 문제점을 극복하려 한 결과였다. 그러나 이는 정당 일체감이나 그 밖의 심리학적 개념들을 그대로 수용한 결과이기도 하였다. 그럼에도 공간 이론은 초기 사회심리학 이론에서 비관적으로 전망했던 '세련된 유권자' 가설을 무리 없이 입증해 왔다. 다양한 국가에서 유권자들이 이념에 기초해 후보자나 정당을 선택한다는 것을 실증적으로 보여 주었던 것이다.

한편 공간 이론의 두 이론은 유권자의 효용 계산과 정당의 득표 최대화 예측에서 이론적 경쟁 관계를 계속 유지했을 뿐만 아니라 현실 설명력에서도 두드러진 차이를 보였다. 의회 선거를 예로 들면, 근접 이론은 미국처럼 ㉠ <u>양당제 아래 소선거구제로 치러지는 선거</u>를 더 잘 설명해 왔다. 반면에 방향 이론은 유럽 국가들처럼 ㉡ <u>다당제 아래 비례대표제로 치러지는 선거</u>를 더 잘 설명해 왔다. 한 연구는 영국처럼 ㉢ <u>다당제 아래 소선거구제로 치러지는 선거</u>에서 유권자가 여당에 대해 기대하는 효용은 근접 이론이 더 잘 설명하고, 유권자가 야당에 대해 기대하는 효용은 방향 이론이 더 잘 설명한다고 밝혔다. 이는 정치 환경에 따라 정당들의 득표 최대화 전략이 다를 수 있음을 뜻한다.

02. 아래의 03~05번 문제가 무엇을 묻고 있는지 감안하여, 윗글의 구조를 정리하시오.

관점	사회 심리학 이론	합리적 선택 이론
기준		

구분	근접 이론	방향 이론
초기		
한계		
보완		

03. 윗글의 내용으로 가장 적절한 것은?

① 초기 사회심리학 이론은 유권자의 투표 선택이 심리적 요인 때문에 일관성이 없다고 보았다.
② 공간 이론은 유권자와 정당 간의 이념 거리를 통해 효용을 계산하여 유권자의 투표 선택을 설명하였다.
③ 후기 공간 이론의 등장으로 득표 최대화에 대한 초기의 근접 이론과 방향 이론 간의 이견이 해소되었다.
④ 후기 공간 이론에서는 유권자의 투표 선택을 설명하는 데 있어서 이념의 비중이 커졌다.
⑤ 후기 공간 이론은 정당 일체감을 합리적인 것으로 인정하여 세련된 유권자 가설을 입증했다.

04. ㉠~㉢에서 득표 최대화를 위한 정당의 선거 전략을 공간 이론의 관점에서 설명한 것으로 바르지 않은 것은?

① 초기 근접 이론은 ㉠에서 지지율 하락을 경험한 여당이 중위 유권자의 위치로 이동함을 설명할 수 있다.
② 후기 근접 이론은 ㉠에서 정당 일체자의 이탈을 우려한 야당이 중위 유권자의 위치로 이동하지 못함을 설명할 수 있다.
③ 후기 방향 이론은 ㉡에서 정당 일체자의 이탈을 우려한 여당이 중위 유권자의 위치로 이동함을 설명할 수 있다.
④ 초기 근접 이론은 ㉢에서 중도적 유권자의 이탈을 우려한 여당이 중위 유권자의 위치로 이동함을 설명할 수 있다.
⑤ 후기 방향 이론은 ㉢에서 중도적 유권자의 관용 경계를 의식한 야당이 이념적 극단 위치로 이동하지 못함을 설명할 수 있다.

05. <보기>의 선거 상황을 가정하여 윗글의 이론들을 적용한 것으로 타당하지 않은 것은?

〈보 기〉

아래의 그림은 좌우 동형으로 이루어진 N국의 A당과 B당의 정당 일체자 분포와 여기에 무당파 유권자가 포함된 전체 유권자의 분포를 나타낸다. N국은 1) A당과 B당의 정당 일체자가 투표자인 예선을 통해 각 당의 후보를 결정한 후, 2) 전체 유권자가 투표자인 본선을 통해 최종 대표자를 선출한다.

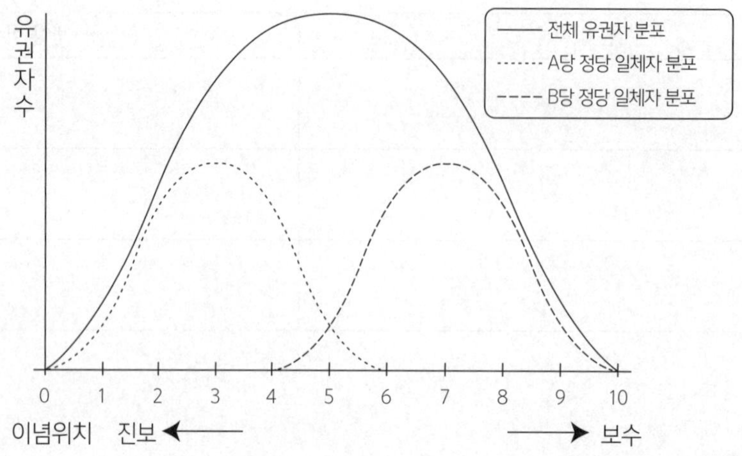

ㄱ. 후보자 이념 위치: A당(A1=0, A2=4), B당(B1=7, B2=9)

ㄴ. 중위 유권자 위치: A당=3, B당=7, 전체 유권자=5

ㄷ. 이념 원점=5

ㄹ. 관용 경계: 두 후보자가 동시에 유권자 위치의 ±2를 초과하면 유권자는 기권한다고 가정함.

ㅁ. 두 후보자에 대한 효용이 같다면 유권자는 기권한다고 가정함.

ㅂ. A당과 B당의 정당 일체자 분포의 규모는 같음.

① 초기 근접 이론은 B1이 예선을 통과할 것으로 예측할 것이다.

② 초기 근접 이론은 A2가 본선에서 승리할 것으로 예측할 것이다.

③ 초기 방향 이론은 본선에서 승자가 없을 것으로 예측할 것이다.

④ 후기 근접 이론은 A2가 본선에서 승리할 것으로 예측할 것이다.

⑤ 후기 방향 이론은 A1이 본선에서 승리할 것으로 예측할 것이다.

[06~07] 다음 글을 읽고 물음에 답하시오.

일반적으로 포유동물의 정소(精巢)는 초기 발생 단계에서 난소와 동일한 부위인 복부 내 등 쪽에서 형성된 후, 차츰 아래쪽으로 이동하여 복부 밖에 있는 정낭(精囊)으로 들어오게 된다. 정소의 온도는 체온보다 낮은데, 이는 열에 약한 생식 세포를 체온으로부터 보호함으로써 정자를 생산하는 데 알맞은 환경을 조성하기 위함이다. 한편 다른 체내 기관들처럼 정소도 정상적인 기능을 하기 위해서는 혈액을 지속적으로 공급받아야 하는데, 이렇게 혈액을 공급받다 보면 혈액이 지닌 열까지도 정소로 운반되기 때문에 정소의 온도가 상승하여 체온과 같아지게 될 것이다. 그렇다면 정소는 어떠한 방법으로 자신의 온도를 체온보다 낮게 유지할 수 있는가?

1998년에 발표된 역류 열전달(逆流熱傳達) 이론은 정소 온도의 항상성을 유지하기 위한 방법을 설명해 준다. 정소 정맥에는 정낭 동맥을 감싸고 있는 망사 구조 부분이 있는데, 역류 열전달 이론에서는 이 망사 구조가 핵심적인 역할을 한다. 열은 높은 온도의 물체에서 낮은 온도의 물체로 전도되는 성질을 갖고 있는데, 열이 전도될 때 단위 시간당 이동하는 열의 양은 접촉하는 표면적에 비례한다. 정낭 동맥을 감싸고 있는 망사 구조는 혈관의 표면적을 넓혀서 효율적으로 열을 전달한다. 그러므로 정소에서 나온 정소 정맥의 혈액이 체내에서 들어오는 혈액으로부터 열을 흡수함으로써 정낭 동맥의 혈액 온도를 떨어뜨리고 이렇게 하여 차가워진 정소 동맥 혈액에 의해 정소 온도가 체온보다 낮은 상태로 유지된다는 것이 이 이론의 핵심이다. 이 이론은 여러 동물 실험을 통해 지지되었는데, 정소가 정낭 속에 있는 양(羊)을 대상으로 한 연구는 정낭 동맥에서 ㉠ 39℃였던 혈액 온도가 정소 동맥에서는 ㉡ 34℃로 낮아졌다가, 정소를 통과한 후 정소 정맥에서는 ㉢ 33℃가 되고 정낭 정맥에서는 ㉣ 38.6℃로 다시 높아짐을 보여 주었다.

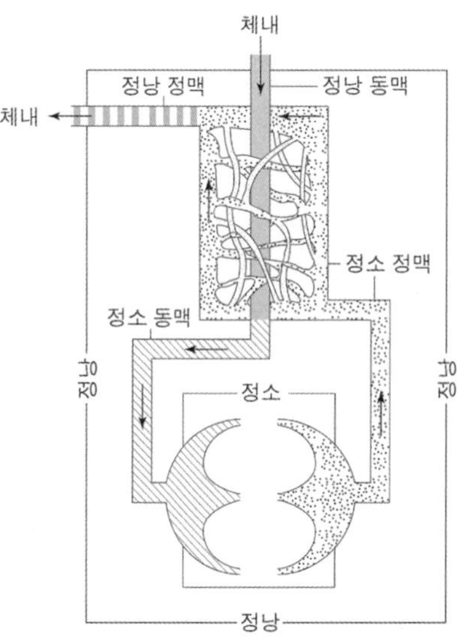

역류 열전달 이론은 정소로 유입되는 혈액의 온도를 체온보다 낮춤으로써 정소의 온도를 체온보다 낮게 유지하는 방법은 제시하였으나 어떻게 정소 온도를 체온보다 낮추는지는 설명하지 못하였다. 이에 대한 설명은 2007년에 발표된 스칸단 연구진의 가설에서 찾을 수 있다. 스칸단 연구진은 정낭이 열을 발산하기에 적합한 구조로 이루어져 있고 일반적으로 세포 분열 과정에서 열이 많이 발생한다는 사실에 착안하여 정소에서 발생한 많은 열이 정낭 표면을 통해 방출됨으로써 정소 온도가 체온보다 낮아진다고 하였다. 번식력을 갖춘 동물의 정소는 지속적인 세포 분열을 통해 매일 수억 개의 정자를 생산하므로 많은 열이 발생할 것인데, 정소의 온도가 높아지면 생산되는 정자의 수가 감소하고 심한 경우 정소가 손상될 것이 예상된다. 실제로 복부 밖에 정소가 있는 동물이 기온이 매우 높은 환경에 노출되었을 경우에는 일시적으로 배출 정자 수가 감소하며 반대의 경우에는 일시적으로 배출 정자 수가 증가하는 것을 볼 수 있다.

이 가설은 정소 내 온도가 상승하거나 더운 기온에 노출되면 정낭의 피부 표면적이 커지고 정낭 근육에 의해 정소가 몸에서 멀어지게 되며, 정소의 온도가 하강하거나 낮은 기온에 노출되면 정낭 피부 표면적이 작아지고 정낭 근육에 의해 정소가 몸에 가까워진다는 사실과 부합한다. 이와 같은 기제에 따라 정소에서 발생한 열이 정낭으로 전도되고 이 열이 체외로 방출되면 정소의 온도가 내려가면서 정낭의 표면 온도가 올라갈 것이라고 스칸단 연구진은 주장한다. 또한 이 가설은 동물의 정소 위치와 번식 사이의 관계를 보여 주는 연구 결과를 통해 힘을 얻는다. 예를 들어 박쥐의 정소는 평상시에는 복부 내에 존재하다가 짝짓기를 하는 계절이 되면 정낭으로 내려온다. 동면 포유동물의 경우 번식을 하지 않는 동면 기간 동안 정자 생산이 감소하는데 이때에는 정소가 정낭에서 복부로 이동하고 동면이 끝나면 다시 정낭으로 내려온다.

역류 열전달 이론은 정소의 온도를 체온보다 낮게 유지시키는 열역학적 기제를 제시하였으며, 스칸단 연구진의 가설은 정소에서 발생하는 열을 정낭을 통해 발산함으로써 정소의 온도를 체온보다 낮추는 기제를 제시해 주었다. 이런 점에서 볼 때, 역류 열전달 이론과 스칸단 연구진의 가설은 어떻게 정소가 정자를 생산하는 데 최적인 온도로 유지될 수 있는지를 설득력 있게 설명해 준다.

06. 윗글에 제시된 그림을 기준으로, 역류 열전달 이론이 설명한 현상을 정리하시오.

구분	㉠ 39℃	㉡ 34℃	㉢ 33℃	㉣ 38.6℃
위치				
기관				
설명 가능성				

07. ㉠~㉣에 대한 설명으로 적절하지 <u>않은</u> 것은?

① ㉠은 양의 체온과 비슷할 것이다.
② ㉠에서 ㉡으로의 변화는 정소 정맥이 정낭 동맥의 열을 흡수했기 때문이다.
③ ㉠에서 ㉡으로의 변화와 ㉢에서 ㉣로의 변화는 망사 구조의 기능 때문이다.
④ ㉡에서 ㉢으로의 변화는 역류 열전달 이론에 의해 설명된다.
⑤ ㉢에서 ㉣로의 변화는 정소 정맥이 정낭 동맥의 열을 흡수했기 때문이다.

[08~12] 다음 글을 읽고 물음에 답하시오. 15 LEET

컴퓨터의 CPU가 어떤 작업을 수행하는 것은 CPU의 '논리 상태'가 시간에 따라 바뀌는 것을 말한다. 가령, Z = X + Y의 연산을 수행하려면 CPU가 X와 Y에 어떤 값을 차례로 저장한 다음, 이것을 더하고 그 결과를 Z에 저장하는 각각의 기능을 순차적으로 진행해야 한다. CPU가 수행할 수 있는 기능은 특정한 CPU의 논리 상태와 일대일로 대응되어 있으며, 프로그램은 수행하고자 하는 작업의 진행에 맞도록 CPU의 논리 상태를 변경한다. 이를 위해 CPU는 현재 상태를 저장하고 이것에 따라 해당 기능을 수행할 수 있는 부가 회로도 갖추고 있다. 만약 CPU가 가지는 논리 상태의 개수가 많아지면 한 번에 처리할 수 있는 기능이 다양해진다. 따라서 처리할 데이터의 양이 같다면 이를 완료하는 데 걸리는 시간이 줄어든다.

논리 상태는 2진수로 표현되는데 논리 함수를 통해 다른 상태로 변환된다. 논리 소자가 연결된 조합 회로는 논리 함수의 기능을 가지는데, 조합 회로는 논리 연산은 가능하지만 논리 상태를 저장할 수는 없다. 어떤 논리 상태를 '저장'한다는 것은 2진수 정보의 시간적 유지를 의미하는데, 외부에서 입력이 유지되지 않더라도 입력된 정보를 논리 회로 속에 시간적으로 가둘 수 있어야 한다.

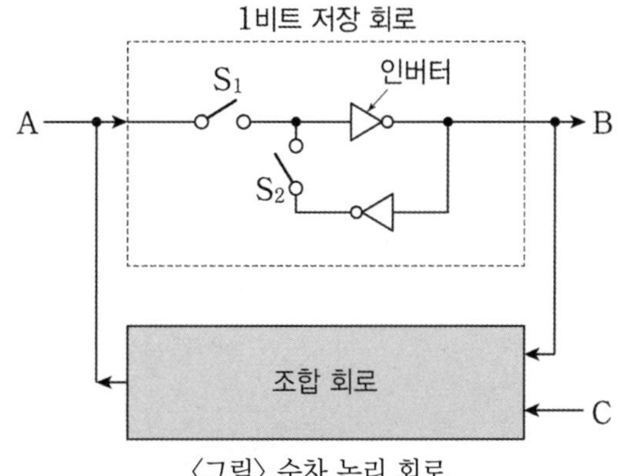

〈그림〉 순차 논리 회로

인버터는 입력이 0일 때 1을, 1일 때 0을 출력하는 논리 소자이다. 〈그림〉의 점선 내부에 표시된 '1비트 저장 회로'를 생각해보자. 이 회로에서 스위치 S_1은 연결하고 스위치 S_2는 끊은 채로 A에 정보를 입력한다. 그런 다음 S_2를 연결하면 S_1을 끊더라도 S_2를 통하는 ㉠ 피드백 회로에 의해 A에 입력된 정보와 반대되는 값이 지속적으로 B에 출력된다. 따라서 이 회로는 0과 1 중 1개의 논리상태, 즉 1비트의 정보를 저장할 수 있다. 이러한 회로가 2개가 있다면 00, 01, 10, 11의 4가지 논리 상태, n개가 있다면 2^n가지의 논리 상태 중 1개를 저장할 수 있다.

그렇다면 논리 상태의 변화는 어떻게 일어날까? 이제 〈그림〉과 같이 1비트 저장 회로와 조합 회로로 구성되는 '순차 논리 회로'를 생각해보자. 이 회로에서 조합 회로는 외부 입력 C와 저장 회로의 출력 B를 다시 입력으로 되받아, 내장된 논리 함수를 통해 논리 상태를 변환하고, 이를 다시 저장 회로의 입력과 연결하는 ㉡ 피드백 회로를 구성한다. 예를 들어 조합 회로가 두 입력이 같을 때는 1을, 그렇지 않을 경우 0을 출력한다고 하자. 만일 B에서 1이 출력되고 있을 때 C에 1이 입력된다면 조합 회로는 1을 출력하게 된다. 이때 외부에서 어떤 신호를 주어 S_2가 열리자마자 S_1이 닫힌 다음 다시 S_2가 닫히고 S_1이 열리는 일련의 스위치 동작이 일어나도록 하면, 조합 회로의 출력은 저장 회로의 입력과 연결되어 있으므로 B에서 출력되는 값은 0으로 바뀐다. 그런 다음 C의 값을 0으로 바꾸어주면, 일련의 스위치 동작이 다시 일어나더라도 B의 값은 바뀌지 않는다. 하지만 C에 다시 1을 입력하고 일련의 스위치 동작이 일어나도록 하면 B의 출력은 1로 바뀐다. 따라서 C에 주는 입력에 의해 저장 회로가 출력하는 논리 상태를 임의로 바꿀 수 있다.

만일 이 회로에 2개의 1비트 저장 회로를 병렬로 두어 출력을 2비트로 확장하면 00~11의 4가지 논리 상태 중 1개를 출력할 수 있다. 조합 회로의 외부 입력도 2비트로 확장하면 조합 회로는 저장 회로의 현재 출력과 합친 4비트를 입력받게 된다. 이를 내장된 논리 함수에 의해 다시 2비트 출력을 만들어 저장 회로의 입력과 연결한다. 이와 같이 2비트로 확장된 순차 논리 회로에서 외부 입력을 주고 스위치 동작이 일어나도록 하면, 저장 회로의 출력은 2배로 늘어난 논리 상태 중 하나로 바뀐다.

이 회로에 일정한 시간 간격으로 외부 입력을 바꾸고 스위치 동작 신호를 주면, 주어지는 외부 입력에 따라 특정한 논리 상태가 순차적으로 출력에 나타나게 된다. ⓐ 이런 회로가 N비트로 확장된 대표적인 사례가 CPU이며 스위치를 동작시키는 신호가 CPU 클록이다. 회로 외부에서 입력되는 정보는 컴퓨터 프로그램의 '명령 코드'가 된다. 명령 코드를 CPU의 외부 입력으로 주고 클록 신호를 주면 CPU의 현재 논리 상태는 특정 논리 상태로 바뀐다. 이때 출력에 연결된 회로가 바뀐 상태에 해당하는 기능을 수행하게 된다. CPU 클록은 CPU의 상태 변경 속도, 즉 CPU의 처리 속도를 결정한다.

08. 아래의 10번 문제가 무엇을 묻고 있는지 감안하여, 윗글의 구조를 정리하시오.

구성요소	명령 코드	CPU 클록	CPU
속성 1			
속성 2			

09. 아래의 11번 문제가 무엇을 묻고 있는지 감안하여, ㉠과 ㉡의 피드백 회로에 대해 정리하시오.

구분	㉠ 피드백 회로	㉡ 피드백 회로
역할		
기능		

10. 윗글의 내용과 일치하지 않는 것은?

① CPU가 수행할 수 있는 기능과 그에 해당하는 논리 상태는 정해져 있다.
② 인버터는 입력되는 2진수 논리 값과 반대되는 값을 출력하는 논리 소자이다.
③ 순차 논리 회로에서 저장 회로의 출력은 조합 회로의 출력 상태와 동일하다.
④ CPU는 프로그램 명령 코드에 의한 논리 상태 변경을 통해 작업을 수행한다.
⑤ 조합 회로는 2진수 입력에 대해 내부에 구현된 논리 함수의 결과를 출력한다.

11. ㉠과 ㉡에 대한 이해로 적절한 것은?

① ㉠은 조합 회로를 통해서, ㉡은 인버터를 통해서 피드백 기능이 구현된다.
② ㉠과 ㉡의 각 회로에서 피드백 기능을 위해 입력하는 정보의 개수는 같다.
③ ㉠과 ㉡은 모두 외부에서 입력되는 논리 상태를 그대로 저장하는 기능이 있다.
④ ㉠은 정보를 저장하기 위한 구조이며, ㉡은 논리 상태를 변경하기 위한 구조이다.
⑤ ㉠은 스위치 S_1이 연결될 때, ㉡은 스위치 S_2가 연결될 때 피드백 기능이 동작한다.

12. ⓐ에서 N을 증가시켰을 때의 변화를 이해한 것으로 적절하지 않은 것은?

① 프로그램에서 사용 가능한 명령 코드의 종류가 증가한다.
② 조합 회로가 출력하는 논리 상태의 가짓수가 증가한다.
③ CPU가 가질 수 있는 논리 상태의 가짓수가 증가한다.
④ CPU에서 진행되는 상태 변경의 속도가 증가한다.
⑤ 동일한 양의 데이터를 처리하는 속도가 증가한다.

정답 및 해설 p.118

PART 06

산만한 지문 정리

[01~04] 다음 글을 읽고 물음에 답하시오. 19 LEET

현대 문학의 주요 비평 개념 중 하나인 멜랑콜리는 본래 '검은 담즙'을 뜻하는 고대 그리스의 의학 용어였다. 그 당시 검은 담즙은 '우울과 슬픔에 젖는 기질'의 원인으로 간주되었고, 나태함, 게으름, 몽상 등은 '우울질'의 표현이자 멜랑콜리의 속성이라 분류되었다. 이런 속성들은 열정처럼 적극적으로 분출되는 감정이 아니라 열정의 결여 상태, 즉 감정을 느낄 수 있는 능력이 쇠락해진 상태와 관련된다는 공통점이 있다. 멜랑콜리가 야기하는 정신적 무능에 대해 키르케고르는 "멜랑콜리는 무사태평한 웃음 속에서 메아리치는 이 시대의 질병이며, 우리로부터 행동과 희망의 용기를 앗아 간다."라고 평하기도 했다.

멜랑콜리는 상실을 인식하고 그 상실감에 자발적으로 침잠하는 태도이다. 일회적이고 찰나적이어서 다시는 돌이킬 수 없는 대상들을 향한 상실감에서 멜랑콜리는 유래한다. 그럼에도 멜랑콜리는 다만 어둡지만은 않으며 매혹적인 면을 가지고 있다. 삶과 죽음, 사랑과 이별처럼 인식 불가능한 타자성을 외면하기보다 차라리 자기 안에 가두려는 욕망이기 때문이다. 멜랑콜리는 대상의 상실에 따른 퇴행적 반응이라기보다는 오히려 상실된 대상을 살아 있게 만드는 몽환적인 능력이다. 따라서 이처럼 타자성을 자기 속에 가두고 관조하면서 자기만의 세계로 빠져 들려는 자, 즉 멜랑콜리커(Melancholiker)가 진정으로 추구하는 것은 상실된 대상 자체가 아니라 그 대상의 부재이며, 이 대상이 현존하지 않는 한에서 그것은 늘 점유를 향한 멜랑콜리커의 욕망을 추동하는 힘으로 작용한다.

멜랑콜리의 몽환적 능력은 현실을 대하는 태도의 측면에서 여러 견해를 낳았다. 벤야민이 "멜랑콜리커의 고독과 침잠, 즉 외면적 부동성(不動性)은 단순한 무기력이 아니라 사물을 꿰뚫어 보는 깊이 있는 사유를 상징"한다고 한 것은 대표적이다. 그는 멜랑콜리커의 고독이 곧 사물에 대한 통찰의 깊이를 나타낸다고 본다. 프로이트는 충분히 슬퍼한 후에 일상으로 귀환하는 애도와 달리 멜랑콜리는 "상실한 대상과 자아가 하나가 되어 버리는 감정"이라 말하면서, 결과적으로 자아를 일상에서 격리한다는 점을 강조했다. 물론 무기력한 슬픔이라는 멜랑콜리의 특성은 이성적인 절제를 강조해 온 근대 사회에서는 결코 환영받을 만한 것이 못 되었다. 하이데거가 근대에 유일하게 남은 열정이 있다면 '열정의 소멸에 대한 열정'이라고 말한 것도 근대 사회의 이러한 이성주의적 특성과 밀접한 관련이 있다.

그러므로 멜랑콜리는 미래에 대한 낙관과 혁신에 대한 자신감 위에 설립된 근대의 진보적 세계관의 필연적인 그림자가 되었다. 근대가 창출한 ㉠ 사회적 모더니티는 국민국가, 자본주의 그리고 시민주의를 축으로 하는 공적 제도의 영역에서, 베버의 언급을 따르자면 '정신(Geist) 없는 전문가'와 '가슴 없는 향락가'들을 양산해 낸다. 그러나 사회적 모더니티의 지배적 가치들에 저항하는 태도라 할 ㉡ 문화적 모더니티는 진보하는 부르주아지의 공적 세계가 은폐한 사적 공간에서 멜랑콜리커들을 키워 낸다. 문화적 모더니티는 부르주아지의 근대가 아니라 소위 사회적 부적응자들, 즉 몰락한 귀족, 룸펜 프롤레타리아트, 실패한 예술가, 부유(浮遊)하는 지식인들처럼 세계의 바깥에서 떠도는 존재들의 근대이다. 사회적 모더니티의 주체는 계산적 합리성에 근거하여 세계와 대면하고, 규율의 엄격성에 따라 세계에 질서를 부여함으로써 세계의 주인이 된다. 그러나 멜랑콜리커들은 세계의 주인이 되기보다는 자신이 상실했다고 생각하는 그 무엇을 찾는 데에 몰두하고자 한다. 이에 멜랑콜리커는 흔히 탐구자 혹은 수집가의 모습으로 나타난다. 사회적 모더니티는 과학과 기술의 힘으로 외적 자연을 탈신비화하고, 열정을 이해관계로 치환하여 인간의 내적 자연마저 감정의 횡포로부터 해방시켰다. 그러나 문화적 모더니티는 이러한 해방의 역설적 결과로 나타난 환멸감 속에서, 도리어 잃어버린 것들을 우울의 감정으로 보존하려고 한다.

이로써 멜랑콜리는 일종의 문명 비판적인 태도가 된다. 멜랑콜리는 사회적 모더니티가 빠른 속도로 일소한 근원적 가치들과 대상들을 문화적 모더니티의 영역에서 보존한다. 더 이상 지상에 존재하지 않는 것들 앞에서 우리는 우울하다. 그러나 더 정확하게 표현하자면, 우울한 자들에게만 이러한 가치들은 부재하는 현존이라는 역설적 방식으로 살아남는다. 상실된 가치와 대상들을 아직 신앙하는 자는 우울하지 않다. 또한 이들이 완벽하게 소멸되었다고 믿는 자 역시 우울할 수 없다. 멜랑콜리커는 그 중간에 머물면서 '소멸됨으로써 살아있는 어떤 것'을 끝없이 추구하는 것이다.

01. 아래의 02~04번 문제가 무엇을 묻고 있는지 감안하여, 윗글의 구조를 정리하시오.

(1) 개념에 대한 다양한 견해

관점	키르케고르	벤야민	프로이트	하이데거	베버
주장					

(2) 개념 간의 비교

개념	㉠ 사회적 모더니티	㉡ 문화적 모더니티
속성		

02. 윗글의 내용과 일치하는 것은?

① 키르케고르는 멜랑콜리의 정신적 무능이 실존적 세계관을 형성하고 절망을 해소하는 요인이 된다고 보았다.
② 벤야민은 고독과 침잠에 빠진 멜랑콜리커의 무기력에서 사물의 본질에 도달할 수 있는 사유의 가능성을 발견하였다.
③ 프로이트는 상실된 대상과 자아가 통합된 애도를 그것이 분리된 멜랑콜리와 구분함으로써 근대인의 몽환적 능력을 강조하였다.
④ 하이데거는 능동적 절제를 통해 감정을 억누르는 것이 감정에 대한 근대인의 근본적 자세가 되어야 한다고 주장하였다.
⑤ 베버는 근대 사회의 모든 영역이 숙련된 기술을 갖춘 엘리트들로 채워져야 한다고 보았다.

03. ㉠과 ㉡에 대한 설명으로 적절하지 않은 것은?

① ㉠은 외적 자연과 내적 자연을 구분하지만 이들 모두를 계산적 합리성으로 지배한다.
② ㉡은 이성으로부터의 해방이 가져온 역설적 결과로 나타난 환멸감을 근간으로 성립된다.
③ ㉠과 ㉡은 세계에 질서를 부여하려는 주체가 존재하느냐의 유무에서 차이를 보인다.
④ ㉠과 ㉡은 공적 영역과 사적 영역에서 근대가 만들어낸 대립적 인간상이 출현하는 양상과 관련된다.
⑤ ㉠은 외적 자연을 변화의 대상으로 삼고, ㉡은 근대적 발전이 앗아간 것들을 부재하는 현존의 상태로 보존한다.

04. 윗글을 바탕으로 <보기>를 이해한 내용으로 적절하지 않은 것은?

〈보 기〉

최명익의 「비 오는 길」(1936)은 식민지 근대화가 진행되는 도시의 풍경을 그린다. 표제는 주인공 병일의 내면을 '우울한 장맛비'로 비유한 것이다. 작가는 정치적 저항이 불가능해진 상황에서 과거의 이상을 잃고 슬퍼하는 청년을 주인공으로 선택했다. 병일의 상실감은 특정 대상에 집착하는 증세인 독서벽(讀書癖)으로 나타난다. 그의 독서벽은 독서회를 조직하여 삶의 목표와 정치의식을 고민하던 학생 시절의 유산이다. 궁핍하게 살아가는 병일에게 이웃 사내는 책 살 돈으로 저축하라 훈계하지만, 병일은 책이 없으면 최소한의 자기 생활도 없을 것이라고 답한다. 그의 태도는 돈을 모아 '세상살이'를 하는 것이 행복이라는 이웃 사내의 인생관과 대조를 이룬다. 병일은 자신의 무능력을 인정하지만 이웃 사내의 생활이 행복은 아니라고 생각한다. 군중 속에서 홀로 '방향 없이 머뭇거리는 고독감'에 잠기면서도 병일은 책을 읽는다.

① 병일이 느끼는 '방향 없이 머뭇거리는 고독감'에서, 상실된 가치에 대한 믿음과 불신 사이에 끼어 있는 중간자의 모습을 엿볼 수 있군.
② 병일이 '세상살이'를 외면하고 독서에 집착한다는 사실에서, 과거에 지향했던 가치에서 여전히 벗어나지 못하는 탐구자로서의 면모를 찾아볼 수 있군.
③ 이웃 사내가 병일에게 저축의 중요성을 훈계하는 모습에서, 식민지 근대 도시의 일상적 가치에 순응하는 보통 사람의 모습을 떠올릴 수 있군.
④ 이웃 사내가 '세상살이'의 중요성을 강조하고 있다는 사실에서, 그가 '감정'을 느낄 수 있는 능력이 쇠약해진 상태의 인물임을 확인할 수 있군.
⑤ 작가는 정치적 저항이 불가능한 상황에서 방황하는 청년을 통해, 근원적 가치가 부재의 상태로 보존된다는 창작 의도를 드러내려 했다고 해석할 수 있군.

[05~08] 다음 글을 읽고 물음에 답하시오.

18 LEET

민주주의 체제는 권력의 집중과 분산 혹은 공유의 정도에 따라 ㉠ 합의제 민주주의와 ㉡ 다수제 민주주의로 분류된다. 전자는 주로 권력을 공유하는 정치 주체를 늘려 다수를 최대화하고 그들 간의 동의를 기반으로 정부를 운영하는 제도이다. 이에 반해 후자는 주로 과반 규칙에 의해 집권한 단일 정당 정부가 배타적인 권력을 행사하며 정부를 운영하되 책임 소재를 분명하게 하는 제도이다.

레이파트는 민족, 종교, 언어 등으로 다원화되고 이를 대표하는 정당들에 의한 연립정부가 일상화된 국가들을 대상으로 합의제 민주주의에 대해 연구했다. 그는 '당-집행부(행정부)' 축과 '단방제-연방제' 축을 적용해 권력이 집중되거나 분산되는 양상을 측정했다. 전자의 경우 정당 체계, 선거 제도, 정부 구성 형태, 입법부-행정부 관계, 이익집단 체계가 포함되고 후자의 경우 지방 분권화 정도, 단원제-양원제, 헌법 개정의 난이도, 위헌 재판 기구의 독립성 유무, 중앙은행의 존재가 고려되었다. 각 요인들은 제도 내에 내포된 권력의 집중과 분산 정도에 따라 대조적인 경향성을 띤다. 예를 들면, 정당 수가 상대적으로 많고, 의회 구성에서 득표와 의석 간의 비례성이 높고, 연립정부의 비율이 높고, 행정부의 권한이 약하며, 지방의 이익집단들의 대표 체계가 중앙으로 집약된 국가는 합의제적 경향을 더 많이 띤다고 평가된다. 반대로 단방제와 같이 중앙 정부로의 권력이 집중되고, 의회가 단원제이고, 헌법 개정의 난이도가 일반 법률 개정과 유사하고, 사법부의 독립적 위헌 심판 권한이 약하며, 중앙은행의 독립성이 약한 국가는 다수제적 경향을 더 많이 띤다고 평가된다.

두 제도는 정책 성과에서 차이를 보였다. 합의제는 경제 성장에서는 의미 있는 차이를 보이지 않지만 사회·경제적 평등, 정치 참여, 부패 감소 등에서는 우월하다는 평을 받고 있다. 자칫 불안정해 보일 수 있는 권력 공유가 오히려 민주주의 본연의 가치에 더 충실하다는 경험적 발견은 관심을 끌었다. 합의제 정치 제도를 채택하기 위한 시도가 사회 분열이 심한 신생 독립 국가나 심지어 다수제 민주주의로 분류되던 선진 국가에도 다양하게 나타났다.

그러나 권력의 분산과 공유가 권력의 집중보다 반드시 나은 것은 아니다. 오히려 한 나라의 정치 제도를 설계할 때 각 제도들이 내포한 권력의 원심력과 구심력 그리고 제도들의 상호 작용 효과를 고려해야 한다. 대통령제에서의 헌정 설계를 예로 들어 살펴보자. 여기에서는 '대통령의 단독 권한'이라는 축과 대통령과 의회 간의 '목적의 일치성/분리성'이라는 축이 주요하게 고려된다. 첫째, 대통령의 (헌)법적 권한은 의회와의 협력에 영향을 미친다. 권한이 강할수록 대통령이 최후의 정책 결정권자임을 의미하고 소수당의 입장에서는 권력 공유를 통해 정책 영향력을 확보하기 어렵게 된다. 반면, 권한이 약한 대통령은 효율적 정책 집행을 위해 의회의 협력을 구하는 과정에서 소수당도 연합의 대상으로 고려하게 된다.

둘째, 목적의 일치성/분리성은 대통령과 의회의 다수파가 유사한 정치적 선호를 지니고 사회적 다수의 요구에 함께 반응하며 책임을 지는 정도를 의미한다. 의회의 의석 배분 규칙, 대통령과 의회의 선거 주기 및 선거구 규모의 차이, 대통령 선거 제도 등이 대표적인 제도적 요인으로 거론된다. 예를 들어, 의회의 단순 다수 소선거구 선거 제도, 동시선거, 대통령과 의회의 지역구 규모의 일치, 대통령 결선투표제 등은 목적의 일치성을 높이는 경향을 지니며, 상호 결합될 때 정부 권력에 다수제적 구심력을 강화한다. 결과적으로 효율적인 책임정치가 촉진되지만 단일 정당에 의한 배타적인 권력 행사가 증가되기도 한다. 반면, 비례대표제, 분리선거, 대통령과 의회 선거구 규모의 상이함, 대통령 단순 다수제 선거제도 등은 대통령이 대표하는 사회적 다수와 의회가 대표하는 사회적 다수를 다르게 해 목적의 분리성을 증가시키며, 상호 결합될 때 정부 권력의 원심력은 강화된다. 이 경우 정치 주체들 간의 합의를 통한 권력 공유의 필요성이 증가하나 과도한 권력 분산으로 인해 거부권자의 수를 늘려 교착이 증가할 위험도 있다.

기존 연구들은 대체로 목적의 분리성이 높을 경우 대통령의 권한을 강화할 것을, 반대로 목적의 일치성이 높을 경우 대통령의 권한을 축소할 것을 권고하고 있다. 그러나 제도들의 결합이 낳은 효과는 어떤 제도를 결합시키는지와 어떤 정치적 환경에 놓여 있는지에 따라 다르게 나타날 수 있다.

05. 아래의 06~08번 문제가 무엇을 묻고 있는지 감안하여, 윗글의 구조를 정리하시오.

(1) 개념 간의 비교

개념	㉠ 합의제 민주주의	㉡ 다수제 민주주의
정의		
영향 요인		
정책 상호 작용		

(2) 전체 정보를 관통하는 기준을 찾아 작성하시오.

개념	㉠ 합의제 민주주의	㉡ 다수제 민주주의
기준		

06. ㉠을 ㉡과 비교하여 설명할 때, 가장 적절한 것은?

① 다당제 국가보다 양당제 국가에서 더 많이 발견된다.
② 선진 국가보다 신생 독립 국가에서 더 많이 주목받고 있다.
③ 사회 평등 면에서는 유리하나 경제 성장 면에서는 불리하다.
④ 권력을 위임하는 유권자의 수를 가능한 한 최대화할 수 있다.
⑤ 거부권자의 수가 늘어나서 정치적 교착 상태가 빈번해질 수 있다.

07. '합의제'를 촉진하는 효과를 지닌 제도 개혁으로 가장 적절한 것은?

① 의회가 지닌 법안 발의권을 대통령에게도 부여한다.
② 의회 선거 제도를 비례대표제에서 단순 다수 소선거구제로 변경한다.
③ 이익집단 대표 체계의 방식을 중앙 집중에서 지방 분산으로 전환한다.
④ 헌법 개정안의 통과 기준을 의회 재적의원 2/3에서 과반으로 변경한다.
⑤ 의회와 대통령이 지명했던 위헌 심판 재판관을 사법부에서 직선제로 선출한다.

08. 윗글을 바탕으로 <보기>의 A국 상황을 개선하기 위한 방안을 추론한 것으로 적절하지 않은 것은?

〈보 기〉

A국은 4개의 부족이 35%, 30%, 20%, 15%의 인구 비율로 구성되어 있으며, 각 부족은 자신이 거주하는 지리적 경계 내에서 압도적 다수이다. 과거에는 국가 통합을 위해 대통령제를 도입하고 대통령은 단순 다수제로 선출하되 전체 부족을 대표하게 했으며, 의회 선거는 전국 단위의 비례대표제로 대통령 임기 중반에 실시했었다. 아울러 대통령에게는 내각 구성권, 법안 발의권, 대통령령 제정권 등의 권한을 부여했고, 의회는 과반 규칙을 적용해 정책을 결정했었다.

그런데 부족들 간의 갈등이 증가하면서 각 부족들은 자신의 부족을 대표하는 정당을 압도적으로 지지하는 경향을 보였다. 이에 따라 정책 결정과 집행 과정에서 의회 내 정당 간, 그리고 행정부와 의회 간에 교착 상태가 일상화되었다. 이를 극복하기 위해 정치 개혁이 요구되었고 정치 주체들도 서로 협력하기로 했지만 현재는 대통령제의 유지만 합의한 상태이다.

① 의회의 과반 동의로 선출한 총리에게 내치를 담당하게 하면, 의회 내 정당 연합을 유도해 교착 상태를 완화할 수 있겠군.
② 대통령령에 법률과 동등한 효력을 부여하면, 의회와의 교착에도 불구하고 대통령이 국가 차원에서 책임정치를 효율적으로 실현할 수 있겠군.
③ 의회 선거를 대통령 선거와 동시에 실시하면, 대통령 당선자의 인기가 영향을 끼쳐 여당의 의석이 증가해 정책 결정과 집행에 있어 효율성이 증가하겠군.
④ 상위 두 후보를 대상으로 한 대통령 결선투표제를 도입하면, 결선투표 과정에서 정당 연합을 통해 연립정부가 구성되어 정치적 갈등을 완화할 수 있겠군.
⑤ 비례대표제를 폐지하고 부족의 거주 지역에 따라 단순 다수 소선거구제로 의회를 구성하면, 목적의 일치성이 증가해 정책 결정이 신속하게 이루어질 수 있겠군.

[09~11] 다음 글을 읽고 물음에 답하시오. 13 LEET

아도르노는 문화산업론을 통해서 대중문화의 이데올로기를 비판하였다. 그는 지배 관계를 은폐하거나 정당화하는 허위의식을 이데올로기로 보고, 대중문화를 지배 계급의 이데올로기를 전파하는 대중 조작 수단으로, 대중을 이에 기만당하는 문화적 바보로 평가하였다. 또한 그는 대중문화 산물의 내용과 형식이 표준화 · 도식화되어 더 이상 예술인 척할 필요조차 없게 되었다고 주장했다. 그러나 그의 이론은 구체적 비평 방법론의 결여와 대중문화에 대한 극단적 부정이라는 한계를 보여 주었고, 이후의 연구는 대중문화 텍스트의 의미화 방식을 규명하거나 대중문화의 새로운 가능성을 찾는 두 방향으로 발전하였다. 전자는 알튀세를 수용한 스크린 학파이며 후자는 수용자로 초점을 전환한 피스크이다.

초기 스크린 학파는 주체가 이데올로기 효과로 구성된다는 알튀세의 관점에서 허위의식으로서의 이데올로기 개념을 비판하고 어떻게 특정 이데올로기가 대중문화 텍스트를 통해 주체 구성에 관여하는지를 분석했다. 이들은 이데올로기를 개인들이 자신의 물질적 상황을 해석하고 경험하는 개념틀로 규정하고, 그것이 개인을 자율적 행위자로 오인하게 하여 지배적 가치를 스스로 내면화하는 주체로 만든다고 했다. 특히 그들은 텍스트의 특정 형식이나 장치를 통해 대중문화 텍스트의 관점을 자명한 진리와 동일시하게 하는 이데올로기 효과를 분석했다. 그러나 그 분석은 텍스트의 지배적 의미가 수용되는 기제의 해명에 집중되어, 텍스트가 규정하는 의미에 반하는 수용자의 다양한 해석 가능성은 충분히 설명하지 못했다.

이 맥락에서 피스크의 수용자 중심적 대중문화 연구가 등장한다. 그는 수용자의 의미 생산을 강조하여 정치 미학에서 대중 미학으로, 요컨대 대중문화 산물이 "정치 투쟁을 발전 또는 지연시켰는가?"에서 "왜 인기가 있는가?"로 초점을 전환했다. 그는 대중을 사회적 이해관계에 따라 다양한 주체 위치에서 유동하는 행위자로 본다. 상업적으로 제작된 대중문화 텍스트는 그 자체로 대중문화가 아니라 그것을 이루는 자원일 뿐이며, 그 자원의 소비 과정에서 대중이 자신의 이해에 따라 새로운 의미와 저항적 · 도피적 쾌락을 생산할 때 비로소 대중문화가 완성된다. 피스크는 지배적, 교섭적, 대항적 해석의 구분을 통해 대안적 의미 해석 가능성을 시사했던 홀을 비판하면서, 그조차 텍스트의 지배적 의미를 그대로 수용하는 선호된 해석을 인정했다고 지적한다. 그 대신 그는 텍스트가 규정한 의미를 벗어나는 대중들의 게릴라 전술을 강조했던 드 세르토에 의거하여, 대중문화는 제공된 자원을 활용하는 과정에서 그 힘에 복종하지 않는 약자의 창조성을 특징으로 한다고 주장한다.

피스크는 대중문화를 판별하는 대중의 행위를 아도르노식의 미학적 판별과 구별한다. 텍스트 자체의 특질에 집중하는 미학적 판별과 달리, 대중적 판별은 일상에서의 적절성과 기호학적 생산성, 소비 양식의 유연성을 중시한다. 대중문화 텍스트는 대중들 각자의 상황에 적절하게 기능하는, 다양한 의미 생산 가능성이 중요하다. 따라서 텍스트의 구조에서 텍스트를 읽어 내는 실천 행위로, "무엇을 읽고 있는가?"에서 "어떻게 읽고 있는가?"로 문제의식을 전환해야 한다는 것이다.

피스크는 이를 설명하기 위해 퀴즈 쇼의 여성 수용자를 예로 든다. 상품 가격을 맞히는 퀴즈 쇼인 〈The Price Is Right〉에서는 남성의 돈벌이에 비해 하찮게 여겨졌던 여성의 소비 기술이 갈채를 받고 공적 재미의 대상이 되는데, 이를 보는 여성들은 자신의 일상 지식과 기술의 가치를 확인하고 기존 체제의 경제적, 성적 억압에 주목하게 된다. 특히 피스크는 여성 방청객에게서 바흐친의 카니발적 요소를 읽어 낸다. 방청객의 열광은 일상 규범으로부터의 일탈 욕망을 가상적으로 충족하게 함으로써 기존 질서의 유지에 일조한다. 하지만 그것은 또한 가부장제가 규정한 여성다움에서 벗어나고 사회 규범을 폭로하는 파괴성을 지닌다. 퀴즈 쇼는 자본주의의 가부장적 담론을 중심 코드로 사용하지만, 대중의 소비 과정에서 생겨난 저항적 · 회피적 의미와 쾌락은 그것을 폭로하고 와해하는 계기가 될 수 있다는 것이다. 피스크는 대중문화가 일상의 진보적 변화를 위한 것이지만, 이를 토대로 해서 이후의 급진적 정치 변혁도 가능해진다고 주장한다.

그러나 피스크는 대중적 쾌락의 가치를 지나치게 높이 평가하고 사회적 생산 체계를 간과했다는 비판을 받았다. 켈러에 따르면, 수용자 중심주의는 일면적인 텍스트 결정주의를 극복했지만 대중적 쾌락과 대중문화를 찬양하는 문화적 대중주의로 전락했다. 특히 수용자 자체도 문화 생산 체계의 산물이기 때문에, 그들의 선호와 기대 또한 대중문화의 효과를 통해 생겨날 수 있다는 점을 간과했다는 것이다.

09. 윗글의 주된 분류 기준과 주장을 정리하시오.

관점	기준	주장
아도르노		
초기 스크린 학파		
피스크		

10. 여러 관점들의 속성을 정리하고, 피스크와 다른 관점들 간의 관계를 검토하시오.

관점	피스크	아도르노	홀	드 세르토	켈러
속성					
관계					

11. 윗글에 대한 이해로 가장 적절한 것은?

① 아도르노는 대중문화 산물에 대한 질적 가치 판단을 통해 그것이 예술로서의 지위를 가지지 않는다고 간주했다.
② 알튀세의 이데올로기론을 수용한 대중문화 연구는 텍스트가 수용자에게 미치는 일면적 규정을 강조하는 시각을 지양하였다.
③ 피스크는 대중문화의 긍정적 의미가 대중 스스로 자신의 문화 자원을 직접 만들어 낸다는 점에 있다고 생각했다.
④ 홀은 텍스트의 내적 의미가 선호된 해석을 가능하게 한다고 주장함으로써 수용자 중심적 연구의 관점을 보여 주었다.
⑤ 정치 미학에서 대중 미학으로의 발전은 대중문화를 이른바 게릴라 전술로 보는 시각을 극복할 수 있었다.

[12~15] 다음 글을 읽고 물음에 답하시오. 20 LEET

20세기 초 프랑스에서 발생한 드레퓌스 사건은 지식인이라는 집단을 조명하고, 억압적 권력에 저항하는 비판적 지식인이라는 이상을 부각하는 계기가 되었다. 신학을 중심으로 지식이 축적되고 수도원의 사제들이 권력을 행사하는 전문가 지식인으로 존재했던 중세에도 아벨라르와 같은 비판적 지식인이 존재했다. 계몽주의 시대에는 특정 분야를 깊이 파고들지 못하더라도 모든 분야를 두루 섭렵할 수 있는 능력을 지닌 사람을 지식인으로 정의하기도 했다. 한 예로 18세기의 백과전서파는 근대적 분류 체계로 지식을 생산해 개인이 시각 매체에 의존하여 지식을 소비하는 문자 문화시대의 지평을 열었다. 이런 과정에서 지식 권력은 지식의 표준 장악을 둘러싸고 중앙 집중화되었다.

드레퓌스 사건은 근대적 지식인상에 대한 논쟁을 불러일으켰다. ㉠ 만하임은 지식인 가운데도 출신, 직업, 재산, 정치적 · 사회적 지위 등에 차이가 있는 경우가 많기에 지식인을 단일 계급으로 간주할 수 없으며, 지식인은 보편성에 입각해 사회의 다양한 계급적 이해들을 역동적으로 종합하여 최선의 길을 모색해야 한다고 보았다. 반면 ㉡ 그람시는 계급으로부터 독립적인 지식인이란 신화에 불과하다고 지적하면서 계급의 이해에 유기적으로 결합하여 그것을 당파적으로 대변하는 유기적 지식인을 대안으로 제시하였다. 이때 소외 계급의 해방을 위한 과제는 역사적 보편성을 지니며, 지식인은 소외 계급에게 혁명적 자의식을 불어넣고 조직하는 역할을 자임한다. ㉢ 사르트르는 만하임과 그람시의 지식인 개념 사이에서 긴장을 유지했다. 부르주아 계급에 속한 지식인은 지배 계급이 요구하는 당파적 이해와 지식인이 추구해야 할 보편적 지식 간의 모순을 발견하고, 보편성에 입각하여 소외 계급의 해방을 추구해야 한다. 하지만 그 지식인은 결코 유기적 지식인이 될 수 없는 존재이다. 결국 소외 계급에서 출현한 전문가가 유기적 지식인이 되도록 계급의식을 일깨우는 계몽적 역할이 지식인에게 부여되는 것이다.

오늘날 인터넷의 발달로 가상공간이 열려 탈근대적 지식문화와 사회 공간이 창조되면서 지식의 개념도 변하고 있다. 또한 디지털화된 다양한 정보들이 연쇄적으로 재조합되면서 하이퍼텍스트 형태를 띠게 된다. 정해진 시작과 끝이 없고 미로나 뿌리줄기같이 얽혀 있어 독자의 입장에서 어떤 길을 선택하느냐에 따라 텍스트의 복수성이 무한해졌다. 그 결과 지식 생산자에 해당하는 저자의 권위는 사라지고 지식 권력은 탈중심화된다. 하이퍼텍스트와 새로운 독자의 탄생은 집단적이고 감정이입적인 구술 문화가 지녔던 특성들을 지식 문화에서 재활성화한다. 특히 가상공간에서 정보와 지식이 공유와 논박을 거쳐 소멸 또는 확산되는 과정은 새로운 지식을 생산해 내는 기제로서 집단 지성을 출현시킨다. 집단 지성은 엘리트 집단으로부터 지식 권력을 회수하고 새로운 민주주의의 가능성을 열어놓기도 한다. 그러나 이는 대중의 자율성에 기초한 참여와 협업을 전제할 때 가능하며, 참여와 협업이 결여될 때 순응주의가 등장하고 집단 지성은 군중심리로 전락할 수도 있다.

하이퍼텍스트 시대에 집단 지성이 출현함에 따라 기존의 지식인상은 재조명될 필요가 있다. 특히 프랑스 68혁명 이후 등장했던 이론가들을 소환할 만하다. 예를 들어 ㉣ 푸코는 대중의 대변자로서의 지식인이 불필요한 시대에서도 여전히 대중의 지식 및 담론을 금지하고 봉쇄하는 권력 체계와 이 권력 체계의 대리인 역할을 자임하는 고전적 지식인의 존재에 주목했다. 푸코는 이들을 보편적 지식인으로 규정한 후 이를 대체할 새로운 지식인상으로 특수적 지식인을 제시했다. 그가 말하는 특수적 지식인은 거대한 세계관이 아니라 특정한 분야에서 전문적인 지식을 지니고 있는 존재이다. 그리고 자신의 분야에 해당하는 구체적인 사안에 정치적으로 개입하면서 일상적 공간에서 투쟁한다. 푸코에 따르면 진실한 담론은 지식과 미시권력 간의 관계에서 발견될 뿐이다.

한편 지식인상의 탈근대적 모색에 있어 근대론적 시각을 더하려는 시도도 있다. ㉤ 부르디외에 따르면, 지식인은 사회 총자본의 관점에서 볼 때에는 지배 계급에 속하지만, 경제 자본보다 문화 자본의 비중이 더 큰 문화생산자적 속성을 지니며, 시장의 기제에 따라 부르주아지에 의해 지배받는다. 이런 점에서 볼 때 지식인은 피지배 분파에 속한다. 따라서 이 문화생산자들은 각자의 특수한 영역에 대한 상징적 권위를 가지고 지식인의 자율성을 위협하는 권력에 저항하며 사회 전체에 보편적인 가치를 전파해 나가는 투쟁을 전개할 때에만 비로소 지식인의 범주에 들 수 있다. 부르디외는 이 과정에서 역사적인 따라서 한시적인 보편을 개념화한다. 그리고 지식인은 정치활동을 통하여 권력이 보편적인 것처럼 제시하는 특수성들을 역사화하는 역할과, 보편적인 것, 예컨대 과학 · 철학 · 문학 · 법 등에 접근하는 조건들을 보편화하는 역할을 함께 수행한다.

12. 아래의 13~15번 문제 사이의 관계를 감안하여, 윗글의 구조를 정리하시오.

(1) (   )

시대	근대적	탈근대적
기준		

(2) (   )

관점	㉠ 만하임	㉡ 그람시	㉢ 사르트르
공통점			
차이점			

관점	㉣ 푸코	㉤ 부르디외
기준		

(3) (1)의 표가 (2)의 표보다 우선적으로 고려되어야 하는 이유를 고려하여, 각 표의 이름을 채우시오.

13. 윗글의 내용과 일치하는 것은?

① 권력에 대한 비판적 지식인은 드레퓌스 사건과 함께 비로소 출현했다.
② 계몽주의 시대의 지식인은 특정 분야의 전문가라는 특권적 위상을 지녔다.
③ 근대의 지식인은 개개인의 차이에도 불구하고 보편성을 추구해야 하는 존재로 인식되었다.
④ 탈근대의 지식인은 자신의 전문 분야에서 제기되는 문제의 정치적 특성을 인정하지 않으려는 존재이다.
⑤ 탈근대의 대중은 자율적인 참여와 협업에 기초하여 권력에 대한 순응주의로부터 벗어났다.

14. 탈근대적 지식문화에 관한 설명으로 가장 적절한 것은?

① 구술 문화적 특성을 공유하는 다양한 텍스트들이 형성되고 지식이 전파된다.
② 지식의 표준을 장악하려는 경쟁을 통해 중앙 집중적 지식 권력의 영향력이 커진다.
③ 사회적 지식의 형성에서 지식을 처음 생산한 자의 권위가 이전 시대보다 강화된다.
④ 문화생산자적 속성을 지닌 지식인의 사회적 지위가 부르주아 계급에서 피지배 계급으로 전락한다.
⑤ 집단 지성이 엘리트로부터 지식 권력을 회수하여 대중의 지식 및 담론을 규제하는 새로운 권력 체계를 형성한다.

15. ㉠~㉤에 대한 이해로 가장 적절한 것은?

① ㉠은 지식인이 전문 지식과 보편적 지식의 종합을 통해 동질적인 계급으로 형성될 수 있는 존재라고 여겼을 것이다.
② ㉡은 지식인이 계급적 이해관계와 이성적 사유 사이의 모순으로부터 출발하여 보편성을 향해 부단히 나아가야 하는 불안정한 존재라고 여겼을 것이다.
③ ㉢은 지식인이 서로 적대 관계에 있는 계급들 중 어느 쪽과 제휴해 있어도 개별 계급의 한계를 딛고 계급적 이해들을 종합할 수 있는 존재라고 여겼을 것이다.
④ ㉣은 지식인이 자신의 특수 분야와 관계된 미시권력에 저항해 보편적 지식을 전파하는 운동을 전개해야 하는 존재라고 여겼을 것이다.
⑤ ㉤은 지식인이 범주의 측면에서 보편적 지식인과 특수적 지식인으로 명확하게 구분할 수 없는 존재라고 여겼을 것이다.

정답 및 해설 p.121

한 번에 합격, 해커스로스쿨
lawschool.Hackers.com

해커스 LEET
MOONLABO 언어이해 핵심 정리노트

정답 및 해설

PART 01 문단 정리

01

해설

전파의 속도는 빛의 속도와 일치하는데, 이 빛의 속도는 주파수와 파장을 곱한 수치와 같다. 그리고 이 수치는 항상 일정하다. ($c=f\lambda$)

[02~03]
02

해설

주파수	0.3 MHz 이하	0.3~800 MHz	800 MHz~3 GHz	3 GHz 이상
파장	(길다) ←→ (짧다)			
성질	(회절성, 투과성) ←→ (직진성)			
용도	공공적 용도	지상파 아날로그, 국제 방송, FM 라디오 등	모바일 무선 통신, 지상파 디지털	인공위성, 우주 통신

03

해설

① 직진성이 약한 전파일수록 단위 시간당 정보 전송량은 많아진다. (X)
② 1.8 GHz 대 전파는 800~900 MHz 대 전파보다 회절성과 투과성이 약하다. (O)
③ 3 GHz 이상 대역은 정보의 원거리 전송 능력이 커서 우주 통신에 이용된다. (X)
④ 모바일 무선 통신에서 낮은 주파수를 사용할수록 더 많은 기지국이 필요하다. (X)
⑤ 지상파 디지털 TV 방송은 지상파 아날로그 TV 방송보다 높은 주파수 대역을 사용한다. (O)

[04~05]
04

정답 ⑤

해설

① 파레토 최적 조건들 중 하나가 충족되지 않을 때라면, 나머지 조건들이 충족된다고 하더라도 차선의 효율성이 보장되지 못한다.
→ 옳다. 이미 하나 이상의 효율성 조건이 파괴되어 있는 상황이라면 충족되는 효율성 조건의 수가 많아진다고 해서 경제 전체의 효율성이 향상된다는 보장을 할 수 없다고 본문에 진술되어 있다.
② 전체 파레토 조건 중 일부가 충족되지 않은 상황에서 차선의 상황을 찾으려면 나머지 조건들의 재구성을 고려해야 한다.
→ 옳다. 이미 일부 효율성 조건이 충족되지 못한 상황이라면, 그러한 상황에서 가장 바람직한 자원배분을 위한 나머지 조건의 재구성이 필요하다.
③ 주어진 전체 경제상황을 개선하는 과정에서 기존에 최적 상태를 달성했던 부문의 효율성이 저하되기도 한다.
→ 옳다. 하나의 왜곡을 시정하는 과정에서 새로운 왜곡이 초래되는 것이 일반적인 현실이라고 본문에 진술되어 있다.
④ 차선의 문제가 제기되는 이유는 여러 경제부문들이 독립적이지 않고 서로 긴밀히 연결되어 있기 때문이다.
→ 옳다. 하나의 왜곡을 시정하는 과정에서 새로운 왜곡이 초래되는 것이 일반적인 현실이라는 본문의 진술에서 추론 가능하다.
⑤ 경제개혁을 추진할 때 비합리적인 측면들이 많이 제거될수록 이에 비례하여 경제의 효율성도 제고된다.
→ 옳지 않다. 이미 하나 이상의 효율성 조건이 파괴되어 있는 상황이라면 충족되는 효율성 조건의 수가 많아진다고 해서 경제 전체의 효율성이 향상된다는 보장을 할 수 없다고 본문에 진술되어 있다.

05

해설

	파레토 최적	차선의 문제
차이점	모든 조건이 충족된 상태	조건 일부가 미충족된 상태
공통점	효율적 자원배분	

통념	립시와 랭카스터
조건이 많이 충족되는 상황이 조건이 덜 충족되는 상황보다 낫다.	충족 조건의 수가 효율성을 보장하지는 않는다.

[06~08]

06

정답 ①

분석 및 접근

본문을 제대로 이해하기 위해서는 이 본문이 '내용-진리-이념-이성적 사유' 대 '형식-감성'의 개념 대조를 중심으로 구성되어 있다는 점을 알아야 한다.

해설

① 예술이 진리 매개라는 목적을 달성하고자 하더라도 정신의 작동 방식이 감성적 단계를 넘어선 시대에는 그 실현 가능성이 없다.
→ 옳다. 이 글은 '내용-진리-이념-이성적 사유' 대 '형식-감성'의 개념 대조를 바탕으로 구성되어 있다. 특히 초기 예술이 담당했던 진리 매개라는 과제는 근대에 철학으로 이관되었으며, 이러한 발전의 방향은 불가역적이기에 돌이킬 수 없다. 그러므로 정신의 작동 방식이 감성적 단계를 넘어선 시대인 근대에서는 예술의 진리 매개 달성 자체가 불가능하다.

② 예술의 본질은 순수한 심미적 가치의 구현이지만, 진리 매개라는 이질적 목적이 개입함으로써 예술의 자율성이 훼손된다.
→ 옳지 않다. 진리 또한 순수한 논리로서 이질적 목적이라 할 수 없고, 예술의 자율성에 대한 논의는 문맥과도 무관하다.

③ 예술이 진리 매개를 그것의 유일한 과제로 삼음으로써 주제의 다양화가 원천적으로 불가능하게 된다.
→ 옳지 않다. 주제의 다양화에 대한 논의는 문맥과 무관하다.

④ 예술이 진리 매개를 추구하여 매우 난해한 행위로 변함으로써 대중과의 소통이 불가능해진다.
→ 옳지 않다. 대중과의 소통에 대한 논의는 문맥과 무관하다.

⑤ 예술이 진리 매개를 지나치게 지향함으로써 양식적 쇠퇴라는 부정적 결과를 초래한다.
→ 옳지 않다. 양식적 쇠퇴에 대한 논의는 문맥과 무관하다.

07

해설

고대의 예술	근대의 예술
진리 매개 가능	진리 매개 불가능 (철학으로 이관)

08

해설

구분	예술	철학
형식	감성	이성
내용	진리	진리

[09~11]

09

정답 ③

해설

㉠은 C의 순위가 A에 우선한다는 판결이 B에게는 효력이 없다는 입장이다.
→ 옳지 않다. C가 B보다도 우선한다고 주장하기 위해서는, C의 순위가 A에 우선한다는 판결이 B에게도 효력을 미쳐야 한다.

10

해설

구분	사실관계
A-C	A는 C에 패소
B-C	B와 C가 소송

11

해설

주요 쟁점	A를 상대로 한 C의 승소가 B와의 소송에 영향을 미치는가.
㉠의 주장	C가 우선한다. (B와의 소송에 영향을 미친다)
㉡의 주장	B와의 소송에 영향을 미치지 않는다.

[12~13]

12

해설

전제	사안의 정리
(1)	$A > B \Rightarrow X$
(2)	$B > C$
(3)	$A < C \Rightarrow O$
종합	$B > C > A$

라이프니츠의 결론	B의 권리가 A의 권리에 앞선다. (A를 상대로 한 C의 승소는 B와의 소송에 영향을 미친다)

13

정답 ③

해설

② 확정 판결의 효력이 실질적 법률관계에 우선한다는 점을 전제로 삼았다.
→ 옳다. 라이프니츠의 논증에서는 (1)과 (3)이 충돌하지만 확정 판결의 효력 때문에 (3)이 우선한다고 하고 있다.

③ 저당권의 우선순위는 먼저 설정된 순서로 정해진다는 로마법의 원칙이 부당하다는 것을 확인하였다.
→ 옳지 않다. 이는 라이프니츠의 논증 과정과 무관하다.

⑤ 권리를 입증하지 못하여 패소한 이가 이후에 자신이 당사자가 아닌 소송의 판결 때문에 거듭 불이익을 받을 수 있다는 결론이 도출되지만, 그것이 부당하지 않다고 보았다.
→ 옳다. 한 번의 패소로 두 번의 불이익을 받을 수 있지만, 라이프니츠는 그것이 부당한 것은 아니라고 말한다는 것을 본문에서 확인할 수 있다.

[14~15]

14

정답 ⑤

해설

① 파산 비용이 없다고 가정한 ㉠의 한계를 극복하기 위해 ㉡은 파산 비용을 반영하였다.
→ 옳지 않다. 3문단에서 ㉡은 파산 비용이 자본 구조에 미치는 영향이 미약하기 때문에 이를 고려할 필요가 없다고 보았다.

② 개별 기업을 분석 단위로 삼은 ㉠과 같은 입장에서 ㉡은 기업의 최적 자본 구조를 분석하였다.
→ 옳지 않다. ㉡은 경제 전체의 최적 자본 구조 결정 이론을 제시했다.

③ 기업의 가치 산정에 법인세만을 고려한 ㉠의 한계를 극복하기 위해 ㉡은 법인세 외에 소득세도 고려하였다.
→ 옳지 않다. 1문단에서 ㉠은 법인세가 없다고 가정했기에 그 영향을 고려했다고 볼 수 없다.

④ 현실 설명력이 제한적이었던 ㉠의 한계를 극복하기 위해 ㉡은 기업의 가치 산정에 타인 자본의 영향이 크다고 보았다.
→ 옳지 않다. 3문단에서 ㉡은 개별 기업의 입장에서 보면 타인 자본의 사용으로 인한 기업 가치의 변화는 없다고 진술되어 있다.

⑤ 자본 시장의 마찰 요인을 고려한 ㉡은 자본 구조와 기업의 가치가 무관하다는 ㉠의 명제를 재확인하였다.
→ 옳다. ㉠은 자본 시장에 불완전성을 가져올 수 있는 모든 마찰 요인이 전혀 없다는 가정에 기초하고 있다. 그런데 ㉡이 3문단에서 기업의 최적 자본 구조는 결정될 수 없고 자본 구조와 기업의 가치는 무관한 것이라고 주장했기에 ㉡이 ㉠의 명제를 재확인했다는 진술은 적절하다.

15

해설

이론	모딜리아니-밀러 이론	상충 이론	밀러 이론
가정	완전 자본 시장	불완전 자본 시장	불완전 자본 시장
결론	자본 구조와 기업 가치는 무관	자본 구조는 기업 가치에 영향 미침	자본 구조와 기업 가치는 무관

[16~17]

16

정답 ①

해설

본문에 등장하는 관점 간의 관계를 파악하는 문제이다. 먼저 실러의 정치미학의 목표를 찾고, 그 다음 「강령」의 저자가 추구하는 바를 찾아서 연결하면 된다. 실러는 고대 그리스에 견줄 수 있는 충만한 미적 상태를 소망하는데, 이에 따라 현실 정치 영역에서 미적 공동체를 구현하기 위해서는 미적 차원의 문화 건설이 선행되어야 한다고 생각했다. 따라서 '유희 충동'의 계발은 현실 정치를 위한 미적 교육을 목표로 할 것임을 알 수 있다. 그리고 「강령」의 저자는 신화학의 목표를 국가의 종식, 즉 무정부주의적 방향까지 밀고 나갔음을 3문단에서 확인할 수 있다. 그러므로 '신화학'에 대한 ㉠과 ㉡의 관점 모두를 가장 정확하게 반영한 선택지는 ①이다.

17

해설

	㉠ 실러	㉡ 「강령」의 저자
공통점	이성-감성 미분리	
차이점	참된 인륜적 공동체 구현	국가의 종식

[18~20]

18

해설

목적	전 국토의 전일적 통치
실현 수단	전율 체제

19

해설

대명률	
도입 배경	외래의 형법 도입

국전	
문제점	해결책
(1) 수교 간의 충돌	국전 편찬
(2) 국전 간의 충돌	① 고법 존중
	② 등록 발간
	③ 경국대전 편찬

20

정답 ④

해설

① <경제육전>과 <속육전>은 <경국대전>을 보완하였다.

→ 옳지 않다. <경제육전>과 <속육전>은 '등록'을 발간했음에도 수교 간의 충돌 문제를 완전히 해결할 수 없어서 전대의 국전들을 모아서 수정하고 산삭하여 이들을 대체하는 법전을 편찬하게 되었는데, 이것이 바로 <경국대전>이다. 즉 <경제육전>과 <속육전>은 <경국대전>으로 대체된 것이다. 따라서 <경제육전>과 <속육전>이 <경국대전>을 보완했다는 진술은 적절하지 않다.

② '등록'에 수록된 수교는 <경국대전>에 포함되지 않았다.

→ 옳지 않다. '등록'도 국전에 해당한다. '등록'은 일시적으로 시행되는 수교를 따로 수록한 국전이다. 전대의 국전을 모두 모아 수정하고 산삭하여 <경국대전>이 만들어진 것이므로, '등록'에 수록된 수교도 <경국대전>에 포함되었음을 추론할 수 있다.

③ <경국대전>의 편찬 이후에 수교는 법전 편찬에 사용되지 않았다.

→ 옳지 않다. 수교는 조선시대 제정법의 원천인 왕명을 의미하는데, <경제육전>이 편찬된 이후 쌓인 수교들을 모아서 <속육전>을 편찬했다고 하였다. 그러므로 <속대전>은 <경국대전>이 편찬된 이후 새롭게 쌓인 수교들을 모아서 편찬한 국전일 것이다. 따라서 <경국대전>의 편찬 이후에도 수교는 법전 편찬에 사용되었을 것임을 추론할 수 있다.

④ <경국대전>에 수록되지 않은 수교가 '등록'에 수록되어 있기도 하였다.

→ 옳다. '등록'에 수록되어 있던 수교는 모두 <경국대전>을 편찬할 때 포함되었기 때문에, <경국대전>에 수록되지 않은 수교는 '등록'에도 수록되어 있지 않을 것이라고 생각하기 쉽다. 하지만 이후 법전 편찬의 원칙을 각 관청에 내려진 수교 중에서 계속 적용할 것을 선택하고 수정하여 육조의 행정 체계에 따라 이를 편찬하는 방식과 일시적으로 시행되는 수교를 따로 수록한 것을 별도로 발간하는 방식으로 삼았다고 하였다. 그렇다면 '등록'은 일시적으로 시행되는 수교를 따로 수록한 국전으로, 별도로 발간되는 것이기 때문에 <경국대전>의 편찬 이후에 일시적으로 시행되는 수교가 발생하는 경우에는, <경국대전>에는 수록되어 있지 않고 '등록'에만 수록되어 있을 것으로 추론할 수 있다.

⑤ <경제육전>에 수록된 수교는 <속육전>에 수록된 수교와 입법 시기가 겹치기도 하였다.

→ 옳지 않다. <속육전>은 <경제육전>이 편찬된 이후에 생긴 새로운 수교들을 모아서 편찬한 국전이다. 따라서 <경제육전>에 수록된 수교는 <속육전>에 수록된 수교보다 입법 시기가 더 앞선다는 것을 추론할 수 있다.

[21~23]

21

정답 ④

분석 및 접근

본문을 읽고 본문에 제시된 세부정보의 개념이 선택지와 일치하는지를 파악하는 문제이다. 본문은 회의주의와 그에 대한 반론, 그리고 다시 회의주의의 역할을 중심으로 서술되고 있다. 이 글의 핵심적인 세부정보는 '가류주의', '수행적 모순', '최종적 정당화', '귀류법적 증명'이다. 따라서 이 세부정보들의 의미와 각각의 역할을 정확히 파악해야만 수월한 문제 풀이가 가능하다.

해설

① '가류주의'는 '수행적 모순'의 문제점을 비판한다.

→ 옳지 않다. 가류주의도 수행적 모순에 빠질 수 있다.

② '가류주의'는 '최종적 정당화'가 가능하다고 본다.

→ 옳지 않다. 가류주의는 최종적 정당화의 가능성을 원천 봉쇄한다. 최종적 정당화가 가능한 것은 가류주의가 아니라 귀류법적 증명이다.

③ '최종적 정당화'는 '수행적 모순' 때문에 어렵다.

→ 옳지 않다. 수행적 모순의 발견으로써 오히려 철학적 명제의 최종적 정당화가 가능하다.

④ '귀류법적 증명'은 '최종적 정당화'의 가능성을 보여 준다.

→ 옳다. 가류주의적 회의에 맞서 확실한 명제들을 설정할 수 있는 가능성을 귀류법적 증명을 통해서 확보할 수 있다는 것이 마지막 문단에 진술되어 있다. 확실한 명제들을 설정하는 것은 최종적 정당화를 의미하기에 적절한 선택지이다.

⑤ '귀류법적 증명'은 '수행적 모순'을 범하고 있다.

→ 옳지 않다. 귀류법적 증명은 수행적 모순을 범하는 것이 아니라, 오히려 수행적 모순에서 최종적 정당화 가능성을 보여준다. 수행적 모순을 범하는 것은 귀류법적 증명이 아니라 가류주의이다.

22

해설

철학	회의주의
확실성	불확실성

23

해설

회의주의	한계	철학(최종적 정당화)
가류주의	수행적 모순	귀류법적 증명

PART 02 논증 지문 정리

[01~04]

01

해설

(1) 베나타의 논증 : 도식화를 통한 비교 구조

구분	고통의 유무	쾌락의 유무
전제	고통이 있으면 나쁘나, 고통이 없으면 좋다	쾌락이 있으면 좋으나, 쾌락이 없어도 나쁘지 않다
결론	존재하지 않는 시나리오 B가 존재하는 시나리오 A보다 낫다	

(2) 논쟁 : 전제와 결론

관점	베나타	㉠ 첫 번째 비판	㉡ 두 번째 비판
전제	주체가 없어도 가치가 존재할 수 있음		주체가 있어야 가치가 유의미
결론	선, 악의 부재의 비대칭성	선의 부재 = 나쁨	

02 ⑤

분석 및 접근

베나타 문제는 전반적으로 문제에서 묻는 바를 지문을 읽고 정확하게 대답을 해야 하는 형식이다. 즉 주관식 문제와도 같기 때문에 선지를 지우는 것은 대체로 의미가 없으며 오히려 선지를 지우는 것은 무관의 함정에 빠지기 쉬운 방법이 되므로 특히 주의하여야 한다.

해설

① 누군가에게 해를 끼치는 행위에는 윤리적 책임을 물을 수 있다.
  → 옳다. 1문단에서 베나타는 태어나는 것은 많은 고통을 겪을 것을 전제로 하기 때문에 출산에 대한 정당성이 있어야 한다고 주장하였다.

② 아이를 기르는 즐거움은 출산을 정당화하는 근거가 되지 못한다.
  → 옳다. 베나타는 1문단에서 아이를 기르는 즐거움에 대해 주관적 판단이므로 언제나 정당화될 수는 없다고 하였다.

③ 태어나지 않는 것보다 태어나는 것이 더 나은 이유가 있어야 한다.
  → 옳다. 1문단에서 다른 인간을 존재하여 고통에 처하게 할 때에는 그럴만한 충분한 이유가 있어야 한다고 주장하였다.

④ 고통보다 행복이 더 많을 것 같은 사람도 태어나게 해서는 안 된다.
  → 옳다. 2문단에서 베나타의 논증이 등장한다. 고통보다 행복이 더 많을 것 같은 사람이라도 베나타는 선과 악의 비대칭성을 들어 비판하고 있다. 즉, 행복이 부재하는 것은 나쁜 것이지만, 이것은 사람이 존재할 때에만 유효할 뿐이다. 반면에 악이 부재하는 것은 선이며 이것은 사람의 존재와는 관련 없이 여전히 선이기 때문에 존재하지 않음으로써 선이 있는 진짜 혜택을 누리는 것이 더 낫다고 하였다.

⑤ 좋은 것들의 부재는 그 부재를 경험할 사람이 없는 상황에서조차도 악이 될 수 있다.
  → 옳지 않다. ④와 동일하다.

03 ③

해설

㉠은 베나타의 주장 중 선의 부재는 사람이 존재할 때에만 악이 된다는 것을 비판하기 위한 것이다. 즉 ㉠은 사람이 존재하지 않을 때에도 선의 부재는 나쁘다는 것을 주장하고 있다. 그런데, 이에 대해 베나타가 비판을 하고자 한다면 ㉠이 주장하는 바와 베나타가 주장하는 바가 다름을 입증해야 한다. 즉, ㉠의 전제가 베나타의 전제와 다르기 때문에 애초에 그 주장이 반박이 될 수 없음을 보여야 한다. 베나타의 주장은 이 세상에 태어나는 것이 고통이므로 애초에 존재하지도 않는 것을 전제로 하는 반면, ㉠은 이미 존재하여 행복하게 살던 사람을 존재하지 않게 만드는 것이다. 따라서 이 두 전제의 차이를 파악하면 문제의 답이 될 수 있다.

04 ②

해설

㉡은 좋고 나쁨의 평가 기준은 인간이 있을 때에만 유의미하며, 인간이 존재하지 않는다면 선과 악 역시 평가할 수 없다고 주장하고 있다. 따라서 ㉡에게 존재하지 않는 사람에 대한 선과 악인 (2)와 (4)는 가치 평가를 할 수 없는 명제들일 것이다. 따라서 (2)와 (4)는 좋지도 나쁘지도 않다.

[05~08]

05

해설

문헌학적 해석	법학적 해석
주관적으로 의도한 의미를 확정	객관적으로 타당한 의미를 확정
경험적	선험적
다수의 제정자 - 의견의 다양성	입법자의 의사 - 의견의 일의성 (= 국가의 의사 = 법률의 의사)
법률 제정자	해석자
경험적 입법자	이념적 입법자

06 ①

분석 및 접근

지문의 세부정보를 추론하는 문제이다. 이 지문을 독해할 때는 '법학적 해석'과 '문헌학적 해석'이라는 두 대조적인 개념을 축으로 처음부터 끝까지 일관성 있게 보조 개념들을 연결해 나가야 한다. 개념의 문맥적 속성과 개념들 간의 관계를 제대로 파악하지 못하면 헷갈리기 쉬운 문제이다.

해설

① 문헌학적 해석은 / 법률 제정자의 의사를 확인하는 데 유용하다.
→ 문헌학적 해석은 주관적으로 의도한 의미를 확정하는 것이며, 이는 3문단의 '법률 제정자'와 연결된다. 따라서 문헌학적 해석은 법률 제정자의 주관적인 의사를 확인하는 데 유용하다고 추론할 수 있다. 따라서 이는 윗글의 내용과 부합하는 진술이다.

② 문헌학적 해석은 / 주관적인 의사의 / 다의적인 해석을 추구한다.
→ 1문단에 따르면, 문헌학적 해석은 법률 제정자가 주관적으로 의도한 의미를 '확정'하는 것이라고 하였다. 다의적인 해석을 추구하는 것은 주관적으로 의도한 의미를 '확정'하는 것을 정반대로 뒤집은 진술이다. 따라서 이는 윗글의 내용과 부합하지 않는 진술이다.

③ 법학적 해석에서 / 주관적인 실제 의사는 / 수단이라기보다 목적이다.
→ 법학적 해석은 법규가 객관적으로 타당한 의미를 갖도록 하는 것인 반면, 주관적인 실제 의사는 문헌학적 해석을 중시하는 바이다. 이는 지문에서 설정한 개념과 그 문맥적 속성을 잘못 연결하였다. 따라서 이는 윗글의 내용에 부합하지 않는 진술이다.

④ 법학적 해석은 / 텍스트 배후의 은유적 의미를 찾아내는 데 주력한다.
→ 1문단에 따르면, 법학적 해석은 법규가 객관적으로 타당한 의미를 갖도록 지향한다. 또한 2문단에 따르면, 법률 제정자는 다수이기 때문에 법률에 대한 여러 가지 의견이 있을 수 있지만, 법학적 해석은 일의적(一義的)이다. 은유적 의미는 일종의 상징인데 법학적 텍스트는 은유적 의미를 추구하고자 하지는 않는다. 법학적 해석은 텍스트를 통해 입법자의 객관적 의사를 밝혀내고자 한다. 따라서 이는 윗글의 내용에 부합하지 않는 진술이다.

⑤ 법학적 해석은 / 문헌학적 해석을 넘어서서 / 직관적으로 타당한 의미를 모색한다.
→ 법학적 해석은 직관적으로 타당한 의미가 아니라 객관적으로 타당한 의미를 모색한다. 1문단에 따르면, 법학적 해석은 법률 제정자가 의도한 의미를 확정(문헌학적 해석)하는 데 머무르는 것이 아니라 법규가 객관적으로 타당한 의미를 갖도록 하는 것을 지향한다고 하였다. 따라서 이는 윗글의 내용에 부합하지 않는 진술이다.

07 ③

분석 및 접근

개념의 속성을 추론하는 문제이다. ㉠은 '입법자의 의사'이다. 2문단에 따르면, '입법자의 의사'는 국가의 의사이고 법률의 의사이다. 이는 법률 제정자가 아니라 해석자를 의미한다. 그리고 경험적 입법자가 아니라 이념적 입법자를 의미한다. 즉, 문헌학적 해석이 아니라 법학적 해석과 관련된 개념이다.

해설

① 위헌 법률 심사 과정은 / 이념적 입법자의 의사를 확정하는 작업이다.
→ 3문단을 통해 추론할 수 있다. '법률에 대한 위헌성 심사'는 경험적 입법자가 이념적 입법자에게 자리를 넘겨준다는 것을 확인하는 구체적인 과정이다. 여기서 이념적 입법자의 의사는 '입법자의 의사'와 동일하다. 따라서 위헌 법률 심사 과정은 '법률 제정자'가 제정한 불완전한 법체계에서 '해석자'가 명료하고 모순 없는 해결을 끌어내는 대표적인 사례이다. 따라서 이는 '입법자의 의사'에 관한 추론으로 적절하다.

② 입법자의 의사는 / 법률을 탄생시키는 일회적인 과정으로 파악되어서는 / 안 된다.
→ '입법자의 의사'는 객관적으로 타당한 의미를 확정하고자 한다. 하지만 법률을 탄생시키는 일회적인 과정은 법률이 제정될 당시의 상태를 의미하며, 이는 '법률 제정자'와 관련된 내용이다. 이 두 가지가 동일하지 않다고 판단하는 것은 '입법자의 의사'에 관한 추론으로 적절하다.

③ 입법에 관여한 전원이 의견을 같이한 경우 / 그것은 입법자의 의사로 보아야 한다.
→ 입법에 관여한 전원은 다수의 법률 제정자를 의미한다. 이 법률 제정자의 의사는 문헌학적 해석에 따른 것으로, 이는 법학적 해석을 통해 끌어내는 '입법자의 의사'와 같지 않다. 따라서 이는 '입법자의 의사'에 관한 추론으로 적절하지 못하다.

④ 법학적 해석을 통해 끌어내는 입법자의 의사는 / 법체계에서 요구하는 의미이기도 하다.
→ 2문단에 따르면, '입법자의 의사'는 전 법질서를 체계적으로 모순 없이 해석해야 하는 선험적 요청에 대한 표현이라고 하였다. 선험적 요청은 경험이나 주관적 의도가 개입하지 않은, 객관적으로 타당한 의미를 확정해야 한다는 것이다. 이는 법학적 해석을 의미한다. 따라서 법학적 해석을 통해 끌어내는 입법자의 의사는 법체계에서 요구하는 의미라고 볼 수 있다. 이는 '입법자의 의사'에 관한 추론으로 적절하다.

⑤ 입법 당시 전혀 예상하지 못한 사정이 발생하더라도 / 입법자의 의사는 확정될 수 있다.
→ 2문단에 따르면, '입법자의 의사'가 모든 법질서를 체계적으로 모순 없이 해석해야 하는 선험적 요청이고, 그 때문에 법률 제정자가 미처 의식하지 못한 것도 입법자의 의사라고 확정할 수 있다고 하였다. 따라서 이는 '입법자의 의사'에 관한 추론으로 적절하다.

08 ①

분석 및 접근

지문의 세부정보를 추론하는 문제이다. ㉡ '다음의 사례'에 대한 헌법재판소의 드러난 판단을 바탕으로 숨은 정보를 추론해야 한다. '다음의 사례'는 A 씨가 자신의 홈페이지에 만화의 주인공인 청소년이 전신을 노출하는 그림을 게재한 것에 대해, <청소년의 성보호에 관한 법률> 제2조 제3호의 '청소년이용음란물'에 해당한다고 하여 기소한 것이다. 이 법률 규정에 대한 위헌성 심사에서 헌법재판소가 내린 판단은 6문단에 나와 있다.

(1) 이 법률의 제안 이유서에는 '청소년을 이용하여 음란물을 제작, 배포하는 행위가 사회 문제로 되면서 특별히 청소년의 성을 보호하기 위한 특별법'이라고 표현되어 있다. 이를 통해 표현물에 실제 청소년이 등장해야 함을 입법 시에 전제했다고 파악하였다.

(2) 그림, 만화 등의 음란물은 일반 형법상의 규정으로 규제하려는 것이 제정자의 태도이다.

(3) 결론적으로 '청소년이용음란물'에는 실제 인물인 청소년이 등장하여야 한다고 해석될 수밖에 없다. 따라서 법률 적용 시 다의적으로 해석될 우려가 없어 명확성의 원칙에 위배되지 않는다. 즉, 이 규정은 위헌이 아니다.

A 씨가 게재한 그림에 등장하는 청소년은 실제 인물이 아니라 만화의 주인공으로서 허구의 인물이고, 그림이나 만화 등의 음란물은 일반 형법상의 규정으로 규제하는 것이 옳으므로, A 씨의 그림에 특별법인 <청소년의 성보호에 관한 법률> 제2조 제3호를 적용하여 처벌할 수 없다는 것이 법에 대한 해석자로서의 헌법재판소의 판단이다.

해설

① 사례의 조항을 / 실제 인물이 아닌 / 그림에 적용할 수 없다는 것은 / 법원이 체계적으로 해석하여 내릴 수 있는 결론이라고 헌법재판소는 보았다.
→ 지문에 등장한 사례에 대한 헌법재판소의 판단을 설명한 것으로 적절한 진술이다.

② 법률 해석의 결과로 A 씨를 처벌할 수 있는 가능성이 사라졌다는 점에서 / 헌법재판소는 헌법상 보장되는 표현의 자유를 수호하는 기능을 수행하였다.
→ 특별법으로 처벌할 수 없지만 일반 형법의 규정으로 A 씨를 처벌할 수 있는 가능성이 사라진 것은 아니다. 따라서 이는 헌법재판소의 판단을 설명한 것으로 적절하지 못하다.

③ 검찰이 / '청소년이 등장하여'라는 부분을 / '신체의 전부 또는 일부등을 노골적으로 노출하여'와 연결된다고 해석한 데 대해서는 / 헌법재판소가 타당하지 않다고 파악하였다.
→ 헌법재판소가 판단하고자 한 부분과 관련이 없다. 이는 화제에서 이탈한 진술이다.

④ 사례의 조항을 헌법재판소에서 위헌으로 결정하지 않음으로써 / 성인의 노출이라도 / 그것이 청소년의 수치심 유발을 의도한 경우에는 / 그 조항이 적용되는 것으로 해석될 여지를 남겼다.
→ 판단의 대상이 성인이 아니라 청소년으로 한정되어 있다. 이는 화제의 범주에서 이탈한 진술이다.

⑤ 헌법재판소가 사례의 조항이 명확성의 원칙을 위반하지 않는다고 결정하였으므로, / '영상 등의 형태로 된 것'이란 표현은 모호하다고 볼 수 없고 / 따라서 만화도 포함하는 의미라고 해석된다.
→ A 씨의 만화, 그림을 특별법으로 규제할 수 있는지에 대해 판단한 것으로, 영상과는 무관하다. 이는 화제의 범주에서 이탈한 진술이다.

[09~12]

09

해설

(1) 논쟁 구조

관점	몇몇 학자	라즈
주장	'권위' 개념의 포기	'권위' 개념의 수용 가능
근거	'권위의 역설' 수용	'권위의 역설' 포기 가능

(2) 라즈의 논증: 반례 형성 구조

사례(반례)	앤의 사례
전제	배제적 근거: 합리성∧권위
결론	권위의 역설이 항상 성립하는 것은 아니다.

10

정답 ③

분석 및 접근

본문에 등장하는 '권위의 역설'이 함축하는 바를 추론하는 문제이다. '권위의 역설'은 '권위'와 '합리성'이 서로 양립할 수 없는 개념들이라는 언명을 말한다. 이에 따르면 인간은 합리적인 존재이므로 '합리성' 개념과 양립할 수 없는 '권위' 개념을 포기해야 한다.

해설

① 누구도 합리적이면서 동시에 권위에 따를 수는 없다.
→ 합리성과 권위가 양립할 수 없는 개념임을 전제하고 있는 진술이다. 따라서 이는 '권위의 역설'이 함축하는 내용에 해당한다.

② 권위가 실천적 추론의 과정에 개입하는 것은 합리적일 수 없다.
→ 권위가 존재하면 합리성은 존재하지 못하므로, 합리성과 권위가 양립할 수 없는 개념임을 전제하는 진술이다. 따라서 이는 '권위의 역설'이 함축하는 내용에 해당한다.

③ 합리성 개념과 양립할 수 없는 권위 개념에 기초해서도 합리적 행위에 대한 기술은 가능하다.
→ 권위 개념에 기초해서 합리적 행위에 대한 기술이 가능하다는 것은 권위 개념과 합리성 개념이 양립할 수 있는 개념임을 전제하기에 가능한 진술이다. 따라서 이는 '권위의 역설'이 함축하는 내용이 아니다.

④ 합리적인 행위자는 권위에 따라 행위할 수 없지만, 그렇다고 해서 반드시 권위에 반하는 판단을 해야 하는 것은 아니다.
→ 합리성이 존재하면 권위는 존재하지 못하므로, 합리성과 권위가 양립할 수 없는 개념임을 전제하는 진술이다. 따라서 이는 '권위의 역설'이 함축하는 내용에 해당한다.

⑤ 명령된 행위를 숙고한 끝에 그것을 하는 것이 좋겠다고 보고 그 행위를 하는 것은 명령자의 권위에 따르는 것이 아니다.
→ 숙고에 의해 행위를 하는 것은 합리성에 근거하여 행위를 하는 것이기에 이는 명령자의 권위에 따르는 행위가 아니다. 따라서 이는 합리성이 존재하면 권위는 존재하지 못하는 상황에 해당하기 때문에 합리성과 권위가 양립할 수 없는 개념임을 전제하는 진술로서 '권위의 역설'이 함축하는 내용에 해당한다.

11

정답 ④

분석 및 접근

본문에 등장하는 '배제적 근거'의 문맥적 속성을 파악하여 구체적 사례에 적용할 수 있는지 묻는 문제이다. '배제적 근거'는 보통의 행위 근거들보다 한 단계 위에 존재하면서 그러한 행위 근거들(보통의 행위 근거들)이 행위 여부를 결정하지 못하도록 영향력을 행사하는 상위의 행위 근거를 뜻한다. 2문단을 고려해 볼 때, '배제적 근거'의 사례는 실천적 추론의 구조가 권위를 따라가면서도 행위 수행 과정이 합리적이어야 한다.

해설

① 약속한 일은 그로 말미암아 아무리 큰 손해가 예상되더라도 반드시 지킨다는 입장에서 행동하는 경우
→ '큰 손해를 예상'하는 것은 합리성에 기반한 것이지만, '약속은 반드시 지킨다'는 것은 권위를 따라가는 것이다. 따라서 이러한 행동은 '배제적 근거'에 따르는 것으로 볼 수 있다.

② 설령 도덕에 반하는 법이라 해도 그것이 금지한 것은 하지 말아야 한다는 입장에서 행동하는 경우

→ '도덕에 반한다'는 판단은 합리성에 기반한 것이지만, '법을 지켜야 한다'는 것은 권위를 따라가는 것이다. 따라서 이러한 행동은 '배제적 근거'에 따르는 것으로 볼 수 있다.

③ 설령 오심이라 할지라도 판사의 판결에는 구속되어야 한다는 입장에서 행동하는 경우

→ '오심이라고 판단'하는 것은 합리성에 기반한 것이지만, '판사의 판결에는 구속되어야 한다'는 것은 권위를 따라가는 것이다. 따라서 이러한 행동은 '배제적 근거'에 따르는 것으로 볼 수 있다.

④ 옳지 않은 행위는 양심에 비추어 절대로 하지 않는다는 입장에서 행동하는 경우

→ '어떤 행위가 옳지 않다'고 판단하는 것은 합리성에 기반한 것이고, '양심에 비추어 절대로 하지 않는다'는 판단도 합리성에 근거한 행동이다. 두 행위가 같은 방향으로 가고 있기에, 이러한 행동은 '배제적 근거'에 따르는 것이라고 볼 수 없다.

⑤ 상관이 지시한 일은 이유 불문하고 수행해야 한다는 입장에서 행동하는 경우

→ '상관이 지시한 일을 반드시 수행해야 한다'는 것은 권위를 따라가는 것이지만, '어떤 행위에 대한 이유를 따지는 것'은 합리성에 기반한 것이다. 따라서 이러한 행동은 '배제적 근거'에 따르는 것으로 볼 수 있다.

12

정답 ③

분석 및 접근

본문에 등장하는 '라즈의 논증'이 본문의 개념 구조 내에서 어떠한 역할을 하는지 파악하는 문제이다. '라즈의 논증'은 실천적 추론 구조에 대한 분석을 통해 '권위의 역설'이 언제나 성립하는 것은 아니라고 논박하며, '권위'와 '합리성'이 서로 양립할 수 있는 개념이라고 보았다.

해설

① 행위 근거의 구조적 차원을 재구성하여 권위 개념을 정합성 있게 수정함

→ 라즈는 권위 개념을 수정하지 않고도 권위 개념과 합리성 개념이 서로 양립 가능함을 보여주고 있다. 따라서 이는 본문에 나타난 '라즈의 논증'에 대한 이해로 적절하지 못하다.

② 권위에 따른 행위를 유형화하여 그것이 현실적으로 합리화되기 위한 조건을 도출함

→ 권위에 따른 행위를 유형화했다면 분류의 방식이 사용되어야 하는데, 이러한 전개 방식 자체가 본문에 나와 있지 않다. 또한 '라즈의 논증'은 권위에 따른 행위가 현실적으로 합리화되는 것이 아니라, 개념적으로 합리적일 수 있음을 보이고 있다. 선택지의 합리화와 본문의 합리성은 전혀 다른 맥락의 개념이다. 따라서 이는 본문에 나타난 '라즈의 논증'에 대한 이해로 적절하지 못하다.

③ 실천적 추론 구조를 분석하여 권위에 따른 행위가 합리적일 수 있는 가능성을 확보함

→ 이는 본문 내에서 '라즈의 논증'이 수행하는 역할을 적절히 파악한 진술이다. 라즈는 2문단과 3문단을 통해 실천적 추론 구조를 분석하고 있고, 4문단을 통해 권위에 따른 행위도 합리적일 수 있는 가능성을 제시하고 있다. 따라서 이는 본문에 나타난 '라즈의 논증'에 대한 이해로 적절하다.

④ 실천적 추론 구조가 다른 사례를 권위 개념에 유추 적용하여 권위의 역설을 해소함

→ 본문에서는 유추의 방식을 사용하지 않았다. 따라서 이는 본문에 나타난 '라즈의 논증'에 대한 이해로 적절하지 못하다.

⑤ 권위의 역설에 대한 반례를 제시하여 권위에 따른 행위가 옳은 행위로 귀결됨을 입증함

→ 라즈는 권위에 따른 행위가 옳은 행위로 귀결되는지 여부를 논증하지는 않았다. 선택지의 올바른 행위와 본문의 합리적인 행위는 전혀 다른 의미이다. 따라서 이는 본문에 나타난 '라즈의 논증'에 대한 이해로 적절하지 못하다.

[13~16]

13

해설

19세기			20세기		
전제	소비재	국가 간 비교우위 존재	전제	소비재	국가 간 비교우위 사라짐 (최신 대량 생산 공정)
	금융	소유와 경영의 국제적 분리 적었음		금융	소유와 경영의 국제적 분리 심화
결론	자유무역: 긍정적		결론	자유무역: 부정적	

14

정답 ⑤

분석 및 접근

본문의 세부정보를 정확하게 파악했는지 확인하는 문제이다. 본문은 19세기와 20세기 초반(오늘날)의 시대적 변화를 기반으로 내용을 전개하고 있다. 따라서 본문의 내용과 선지의 시대적 변화가 일치하는지 여부를 따지는 것이 중요하다.

해설

① 기술 혁신으로 공산품의 국가 간 생산성 격차가 줄어들었다.

→ 옳다. 3문단에서 확인할 수 있다.

② 기업의 자금 조달이 국내외 주식 시장에 크게 의존하게 되었다.

→ 옳다. 4문단에서 확인할 수 있다.

③ 금융 이동 규모의 증대에 따라 경제 정책의 자율성이 제약받게 되었다.

→ 옳다. 4문단에서 확인할 수 있다.

④ 원자재의 실질 비용 상승이 주는 부정적 효과가 상대적으로 약화되었다.

→ 옳다. 3문단에서 확인할 수 있다.

⑤ 국가 간 자본 이동이 확대되면서 국가 간의 이자율 격차가 심화되었다.

→ 옳지 않다. 4문단의 '이자율이 국제 금융 시장의 작동을 통해 단일한 수준으로 수렴하는 현재와 같은 시스템'이라는 구절을 통해 국가 간 자본 이동이 확대되면서 이자율 격차가 줄어들게 된다는 것을 알 수 있다.

15

정답 ④

분석 및 접근

'자족적 국민 경제'에 대한 속성을 파악했는지를 확인하는 문제이다.

해설

① 자족적 국민 경제는 사회적 가치들이 제고되는 이상적 사회를 실현하기 위한 수단이지 그 자체가 목적은 아니다.
→ 옳다. 이는 4문단의 1번째 문장을 통해 확인할 수 있다.

② 비경제적 가치를 실현하기 위해 자원을 더 많이 투입하더라도 국민 경제의 성장은 방해받지 않을 것이다.
→ 옳다. 이는 3문단의 '자족적 국민 경제로 인해 발생하는 비용(원자재 및 공산품의 실질 비용 상승)은 다른 종류의 이익에 비해 크지 않다'는 구절이 성립하기 위한 전제로서 추론 가능하다.

③ 기업에 의한 자원 배분은 수익성을 기준으로 하지만, 정부에 의한 자원 배분은 공공성을 기준으로 해야 한다.
→ 옳다. 이는 4문단의 '아울러 수익성이라는 기준에 복종하지 않는 것도 중요하다. 버려야 할 것은 재무장관을 주식회사의 최고 경영자처럼 보는 통념인 것이다'라는 구절을 통해 추론할 수 있다.

④ 공공 정책에 필요한 자금은 국내에서 조달하도록 규제하고, 기업의 활동에 필요한 자본의 이동은 확대해야 한다.
→ 옳지 않다. 글쓴이는 국제적인 소유와 경영의 분리 현상에 대해 부정적으로 인식하고 있다. 따라서 글쓴이는 오히려 기업의 활동에 필요한 자본의 이동이 확대되어야 한다는 것에 반대했을 것이라 추론할 수 있다.

⑤ 자족적 국민 경제가 지향하는 바를 실현하기 위해서는 경제적 조건의 확보도 중요하지만 사회적 가치에 대한 통념을 바꾸는 것도 중요하다.
→ 옳다. 이는 3문단과 4문단에서 추론 가능한 진술이다. 우선 3문단에서 자족적 국민 경제는 우리가 마음만 먹으면 누릴 수 있는 호사라고 하면서 사람들의 머릿속에 비경제적 요소에서의 이익이 경제적 비용보다 가치가 있다는 공감대가 전제되어야 한다고 말한다. 또한 4문단에서 재무장관을 최고 경영자처럼 보는 통념에 변화가 있어야 한다고 언급한 부분도 이와 관련된다.

16

정답 ①

분석 및 접근

본문의 핵심 논증에 대한 반론을 형성할 수 있는지 묻는 문제이다. 반론 형성을 위해서는 동일한 쟁점에 대한 대조적인 시각이 드러나야 한다는 점을 염두에 두는 것이 중요하다.

해설

① 자본의 국제적 이동을 억제하는 정책은 이자율을 크게 떨어뜨릴 뿐 아니라 국민 경제를 세계 경제로부터 고립시킬 것이다.
→ 옳지 않다. 케인즈는 자본의 국제적 이동을 억제하는 정책이 필요하다고 주장했다. 또한 이자율을 당분간 0%에 가깝게 고정시켜야 한다고도 했다. 그러나 이 둘 사이에 상관관계가 형성되어 있다고 보기에는 무리가 있다. 다만 자본의 국제적인 이동을 억제함으로써 국가가 이자율을 조정하는 데 자율성을 가지고 있다고는 볼 수 있다. 또한 이자율이 떨어진다는 논지는 케인즈가 바람직하게 생각한 내용이므로 적절한 비판의 논점이 될 수 없다. (대안의 공격)

② 금리를 크게 낮추는 정책은 부동산 투기, 주가 거품 등을 유발하여 경제의 안정성을 해칠 뿐 아니라 생활환경까지도 훼손할 것이다.
→ 옳다. 금리를 낮추는 정책의 경제적인 측면의 부작용을 지적하고 있다. (대안의 공격)

③ 사회적 가치를 제고한다는 명분 하에 금융의 자유로운 움직임을 규제하는 것은 경제적 자유는 물론, 정치적 자유마저 억압할 우려가 크다.
→ 옳다. 금융의 이동 규제가 경제 이외의 측면에 미치는 영향을 지적하고 있다. (대안의 공격)

④ 외국의 선진적 금융을 받아들인다면 새로운 지식과 문화가 유입될 뿐 아니라 공동의 이해관계로 인해 국내외적 긴장과 반목도 완화될 수 있다.
→ 옳다. 이는 국제적 금융 이동의 장점을 이용한 비판이다. (문제점의 약화)

⑤ 경제적인 것과 비경제적인 것은 명확하게 구분하기 어렵고 그 크기를 재는 것 또한 자의적일 수밖에 없으므로, 국제적 자본주의를 정당화하는 정반대의 결론이 도출될 수도 있다.
→ 옳다. 이는 3문단의 경제적인 것과 비경제적인 것을 구분하는 것에 대한 비판이다. (개념의 공격)

로준생의 궁금증 해결하기

Q: ① 선택지를 '이자율 감소는 글쓴이의 주장과 일치하므로 유효하지 않은 비판이다' 또는 '오늘날에는 이자율을 크게 변동시키는 게 불가하다고 했으므로 유효하지 않은 비판이다'로 해석할 순 없을까요?

A: 본 문제는 본문에 대한 비판적 문제 제기로 적절하지 않은 것을 고르는 문제입니다. 케인즈에 대한 적절한 비판이 되기 위해서는 비판 내용이 케인즈의 기준을 충족하고, 그 기준에 충돌하여야 할 것입니다. 따라서 만약 케인즈의 기준에 맞지 않는 내용이거나 케인즈의 기준에 오히려 부합한다면 적절한 비판이 될 수 없습니다. ① 선택지는 '자본의 국제적 이동을 억제하는 정책은 이자율을 크게 떨어뜨릴 뿐 아니라 국민 경제를 세계 경제로부터 고립시킬 것이다'라고 합니다. 이처럼 ① 선택지에서는 이자율을 크게 떨어뜨릴 것이라고 하였는데, 케인즈 또한 이자율이 거의 0%에 가깝게 유지되어야 할 것(4문단 4번째 문장)이라고 말했습니다. 만약 케인즈에게 ① 선택지와 같이 말한다면, 케인즈는 '아! 맞아, 이자율은 거의 0%에 가깝게 낮게 유지되어야 해. 그러나 나는 이자가 낮은 것보다 이자가 유지되는 측면이 더 중요하다고 생각해!'라고 할 것입니다. 따라서 ① 선택지는 케인즈에 대한 적절한 비판 내용이라고 하기 어렵습니다.

PART 03 논쟁 지문 정리

[01~04]
01

해설

(1) 증권화

구분	금융 위기 이전	금융 위기 이후
평가	긍정적	부정적
이유	위험의 크기 축소	위험의 범위 확대

(2) 주요 쟁점: 금융 위기의 책임

구분	정부 주범론	규제 실패론
주장	정부 책임	금융기관과 부유층의 책임
근거	불평등에 대한 정치적 온정주의 (증거: 지역재투자법)	금융기관과 부유층의 이익 극대화 행위

02

정답 ⑤

해설

① '정부 주범론'은 정부의 시장 개입이 경제 주체들의 판단을 오도했다고 본다.
→ 옳다. 정부는 저소득층의 불만을 무마하기 위해 저소득층이 빚을 늘려서라도 집을 보유할 수 있게 해주었다. 이로 인해 주택 가격에 거품이 발생했고, 결국 금융 위기로 이어진 것으로 적절한 진술이다.

② '정부 주범론'은 정치권이 지역재투자법으로 저소득층의 표를 얻으려 했다고 본다.
→ 옳다. 정부 주범론은 정부가 소득 분배의 불평등 심화 문제를 포퓰리즘으로 해결하려 했다고 보며, 정치권이 저소득층의 불만을 무마하기 위해 실시한 미봉책이 지역재투자법이라고 본다.

③ '규제 실패론'은 금융과 정치권의 유착 관계를 비판한다.
→ 옳다. 규제 실패론은 금융기관의 적극적인 로비가 실물 경제의 안정적 성장을 저해했다고 주장하며 부유층과 금융권이 가진 정치적 영향력에 주목했다.

④ '규제 실패론'은 가계 부채 증가가 고소득층의 투자 기회 확대와 관련이 있다고 본다.
→ 옳다. 규제 실패론은 저소득층의 부채 증가의 원인이 정치권의 온정주의가 아니라, 부유층과 금융권이 이익을 극대화하는 과정에서 성립된 구조적 특징 때문이라고 지적한다.

⑤ '정부 주범론'과 '규제 실패론'은 소득 불평등 문제를 해결하려는 과정에서 금융 위기가 발생했다는 점에 대해서는 의견을 같이 한다.
→ 옳지 않다. 정부 주범론은 정부가 소득 분배의 불평등 심화 문제를 포퓰리즘으로 해결하려고 했기에 금융 위기가 발생했다고 주장한다. 이는 정부의 잘못된 개입이기는 하지만 소득 불평등 문제를 해결하기 위한 시도를 했다고는 볼 수 있다. 반면 규제 실패론의 경우에는 소득 불평등 문제를 해결하려는 과정 자체가 없었다고 보기에, 지난 삼십 년 동안 소득 분배가 계속해서 불평등해지고 있다는 입장이다.

03

정답 ①

해설

① 증권화에서 서브프라임 모기지에 연계된 증권의 투자자는 고수익을 추구하는 일부 투자자에 한정되었을 것이다.
→ 옳지 않다. 비우량 모기지(서브프라임 모기지)의 규모 자체는 크지 않았지만, 이로부터 파생된 신종 유가증권들이 다양한 투자자들에 의해 광범위하게 보유되고 유통되었다.

② 증권화는 개별 금융기관의 위험을 낮추어 주는 혁신처럼 보였지만 실제로는 전체 금융권의 위험을 높였을 것이다.
→ 옳다. 증권화는 새로운 투자 기회를 제공하며 금융시장의 효율성을 높여주는 금융 혁신으로 평가되었지만, 금융 위기가 일어나면서부터는 부정적인 측면이 점차 부각되었다.

③ 모기지 채권의 증권화는 보다 많은 자금이 주택시장에 유입되도록 함으로써 주택 가격의 거품을 키웠을 것이다.
→ 옳다. 저소득층이 빚을 늘려서라도 집을 보유할 수 있게 함으로써 주택 가격에 거품이 발생했고 지역재투자법에 따라 심사 관련 기강이 느슨해짐으로써 대출 기준이 전반적으로 완화되었는데, 이로 인해 주택 가격 거품이 더욱 커졌다.

④ 부동산 시장과 유동화 증권의 현금화 가능성에 대한 투자자들의 낙관적 전망으로 인해 증권화가 확대되었을 것이다.
→ 옳다. 증권화는 금융 위기 이전까지만 해도 현금을 미리 확보할 수 있고 리스크를 줄일 수 있는 금융 혁신으로서 높은 평가를 받았으며, 이로 인해 다양한 투자자들은 금융시장이 안전해졌다는 과신을 하면서 차입과 투자를 늘렸다.

⑤ 증권화에 대한 규제를 강화해야 할지 판단하기 위해서는 금융 위기를 발생시켰던 대출 기준 완화의 원인을 규명하는 것이 중요하다.
→ 옳다. 금융 위기를 발생시킨 원인이 정부의 잘못된 개입에 있는 것인지 규제가 실패했기 때문인지를 밝히고, 그에 따라 규제를 강화해야 할지 말지를 판단해야 한다.

04

정답 ①

해설

① 지역재투자법에는 저소득층에 대해 다른 계층보다 집값 대비 대출 한도를 더 높게 설정하도록 유도하는 내용이 있다.
→ 저소득층에게 집값 대비 대출 한도를 더 높게 설정할 수 있는 규정이 있을 경우, 주택 가격 거품이 더욱 크게 형성되었을 것이다. 이렇게 되면 정부의 개입이 잘못되었음이 더욱 부각되고, 오히려 정부 주범론을 강화하는 논거가 될 수 있다는 점에서 적절한 반박 논거가 될 수 없다.

② 서브프라임 모기지 대출의 연체율은 지역의 소득 수준에 상관없이 일반 대출의 연체율보다 높았다.
→ 서브프라임 모기지 대출의 연체율이 지역의 소득 수준에 상관없이 일반 대출의 연체율보다 높다면, 금융 위기가 지역재투자법을 통해 저소득층의 대출 한도를 늘려준 정부의 책임이 아닐 수도 있음을 뜻한다. 따라서 이는 정부 주범론을 반박하는 논거로서 적절하다.

③ 부동산 가격 거품을 가져온 주된 요인은 주택 가격의 상승보다는 상업용 부동산 가격의 상승이었다.
→ 이는 정부 주범론이 주장하는 주택 가격 거품과 금융 위기 간의 상관관계를 약화시키기에 정부 주범론을 반박하는 적절한 논거가 될 수 있다.

④ 지역재투자법의 적용을 받는 대출들 중 서브프라임 모기지 대출의 비중은 낮았다.
→ 4문단에서 정부 주범론은 지역재투자법으로 인해 은행들이 상환 능력이 떨어지는 저소득층들에게까지 대출을 늘려야 했고, 이로 인해 서브프라임 모기지 사태가 일어났다고 주장했다. 그런데 이 중 서브프라임 모기지 대출이 적용된 비율이 낮다면, 이러한 상관관계를 약화시켜 정부 주범론을 반박하는 적절한 논거가 될 수 있다.

⑤ 지역재투자법과 유사한 규제가 없는 나라에서도 금융 위기가 발생하였다.
→ 이는 시장의 자기 조정 능력을 긍정하는 정부 주범론의 주장을 약화시킬 수 있으며, 정부의 잘못된 개입이 없어도 금융 위기가 발생할 수 있다는 점을 통해 정부 주범론을 반박하는 논거로서 적절하다.

[05~08]

05

해설

(1) 개념

수적 동일성	경험적 동일성
논리적 동일성 라이프니츠 법칙	수적 동일성 한계 보완

(2) 논쟁 구조

관점	반론 1, 2	재반론 (동일론자)
주장	심리상태 ≠ 두뇌 상태	심리상태 = 두뇌 상태
근거1	수적 동일성 라이프니츠 법칙 위배	경험론적 동일성
근거2	라이프니츠 법칙 위배 (안다 - 모른다 기준)	내포적 오류 (안다 - 모른다는 기준 아님)

관점	반론 3 (심리적 기능주의자)	재반론 (동일론자)
주장	심리상태 ≠ 두뇌 상태 환경적 입력 - 내적 반응 - 외부 출력	심리상태 = 두뇌 상태
근거	다수 실현 논변 (반례: 외계인, 연체동물)	범주 축소 (인간은 두뇌 상태임)

06 ③

분석 및 접근

지문의 세부정보를 추론하는 문제이다.

해설

① 동일론자는 심리 상태에 공간적 위치를 부여할 수 없다는 기존의 생각은 변할 것이라고 말할 것이다.
→ 3문단을 통해 추론할 수 있다. 3문단에서 심리 상태에 공간적 위치를 부여할 수 없다고 생각한 사람은 '어떤 철학자들'이다. 그런데 3문단에서 동일론이 경험적 증거를 축적하고 신경 과학의 용어들이 일상화되어 가면서 심리 상태에 두뇌 상태를 연결하는 유형 간의 상관관계가 밝혀지고 있다. 따라서 동일론자는 기존의 생각이 변할 것이라고 말할 것이다. 적절한 추론이다.

② 동일론자는 다수 실현 논변에 대해 인간의 복잡한 통증과 연체동물의 단순한 통증이 동일한 상태가 아니라고 말함으로써 반박할 수 있을 것이다.
→ 7문단을 통해 추론할 수 있다. 다수 실현 논변에 따르면, 두뇌 상태 S를 갖지 않는 생물체라면 통증을 가질 수 없어야 하는데, 중추 신경계가 인간과는 매우 다른 연체동물도 통증을 가진다. 하지만 통증을 한 단계 분화하여 인간의 복잡한 통증과 연체동물의 단순한 통증으로 나누어 두 가지가 동일하지 않다고 주장한다면 동일론자는 다수 실현 논변을 반박할 수 있다. 따라서 이는 윗글로부터 추론한 것으로 적절하다.

③ 동일론자는 신경 생리학이 완성되어 각각의 심리 상태와 동일한 두뇌 상태를 모두 알게 되면 심리 상태를 가리키는 개념은 불필요하다고 믿을 것이다.
→ 3문단에서 동일론자들은 동일론이 경험적 증거를 축적해 가고 신경 과학의 용어들이 일상화되어 가면서 심리 상태의 범주와 두뇌 상태의 범주를 연결하는 진술들의 의미론적 기이함이 점점 줄어들고 있다고 하였다. 이는 두뇌 상태와 심리 상태를 표현하는 용어 간의 거리가 줄어드는 것을 의미한다. 동일론은 심리 상태가 두뇌 상태와 동일하다는 입장이므로, 심리 상태를 가리키는 개념이 불필요하다고 하지는 않을 것이다. 따라서 이는 윗글로부터 추론한 것으로 적절하지 못하다.

④ 심리적 기능주의자는 인간과 동일한 심리 법칙의 지배를 받는 로봇을 제작하기 위하여 사람과 같은 인공 신경 체계를 만들 필요는 없다고 생각할 것이다.
→ 6문단을 통해 추론할 수 있다. 6문단에서 로봇이나 외계인은 인간과 물리적 조성이 전혀 다르지만, 인간과 기능적으로 동일한 심리 상태를 가질 수 있다고 하였다. 따라서 심리적 기능주의자는 인간과 동일한 심리 법칙의 지배를 받는 로봇을 제작하기 위해 사람과 동일한 인공 신경 체계를 굳이 만들 필요는 없다고 생각할 것이다. 따라서 이는 윗글로부터 추론한 것으로 적절하다.

⑤ 심리적 기능주의자는 가상현실에서 형성된 심리 상태는 실제 현실과 동일한 입력을 받은 것이 아니므로 실제 현실 속에서 형성된 심리 상태와 다르다고 말할 것이다.
→ 6문단을 통해 추론할 수 있다. '환경적 입력들 - 내적 상태들 - 출력 반응들'의 체계에서 입력 자극이 달라지면 이것의 영향을 받는 내적 상태도 다르게 나타날 것이고, 이로 인한 출력 반응도 다양하게 나타날 것이다. 가상현실과 실제 현실의 환경적 입력은 서로 같지 않으므로 각각의 심리 상태도 다르다고 생각할 것이다. 따라서 이는 윗글로부터 추론한 것으로 적절하다.

07 ⑤

분석 및 접근

지문에서 밑줄 친 각 부분을 구체적 사례에 적용하는 문제이다.

해설

① ㉠: "내가 알던 퇴계는 알고 보니 이황이었다."라는 말에서 '퇴계'와 '이황'의 동일성은 수적 동일성이다.
→ ㉠ '수적 동일성'은 동일한 종류를 말하는 것이 아니다. 즉, 둘은 하나인 것이다. "그 시계는 내가 어제 잃어버린 바로 그 시계야."라고 말할 때의 동일성이 수적 동일성이라고 하였다. 이는 퇴계와 이황이 한 인물을 가리키는 말이므로, '퇴계'와 '이황'의 동일성은 수적 동일성이다. 이는 ㉠을 적용한 사례로 적절하다.

② ㉡: '샛별'과 '개밥바라기'가 같은 행성 '금성'이라는 것은 천체 관찰에 의해 발견된 것이므로 경험적 동일성이다.
→ ㉡ '경험적 동일성'은 개념적이고 선험적인 동일성과 대비되는 개념으로, 경험적 연구를 통해 발견된 것이다. "'통증은 두뇌 상태 S'라는 동일성은 '통증'이나 '두뇌 상태 S'의 개념적 분석이 아니라, 신경 생리학의 연구를 통해 얻은 경험적 진리이다." '샛별'과 '개밥바라기'가 '금성'이라는 것은 천체 관찰에 의해 발견된 것이므로, 경험적 진리에 의한 경험적 동일성이라고 볼 수 있다. 이는 ㉡을 적용한 사례로 적절하다.

③ ㉢: 내가 용의자와 닮지 않았음을 입증함으로써 범죄 혐의를 벗어난 것은 라이프니츠 법칙이 적용된 것이다.
→ ㉢ '라이프니츠 법칙'은 두 대상이 모든 속성을 공유할 경우 그리고 오직 그때에만 그 두 대상은 동일하다는 것이다. 따라서 이러한 법칙에 따른다면, 나와 용의자가 닮지 않았으므로 나와 용의자는 동일한 대상이 아니다. 그리고 나는 범죄 혐의에서 벗어날 수 있다. 이는 ㉢을 적용한 사례로 적절하다.

④ ㉣: '움직인다'는 말을 '지구를 기준으로 한 위치 변화'로 정의하면, '지구'는 움직이는 것의 범주에 속하지 않으므로 "지구는 움직인다."라는 진술은 범주 착오에 해당한다.
→ ㉣ '범주 착오'란 5가 초록색이라고 말하는 것과 같다고 하였다. 수는 색깔을 부여할 수 있는 범주가 아니기 때문에 이는 범주 착오에 해당한다. 위의 예에서도 '지구'가 움직이는 범주에 속하지 않는데 움직이는 범주에 포함시키려 하는 것은 범주 착오에 해당한다고 볼 수 있다. 따라서 이는 ㉣을 적용한 사례로 적절하다.

⑤ ㉤: 귀신이 존재하는지는 알지 못하지만 귀신이 존재하지 않는다는 것도 알지 못하므로, 귀신은 존재한다고 생각하는 것은 내포적 오류이다.
→ ㉤ '내포적 오류'란 예를 들어 '내가 두뇌 상태 S에 있다는 것은 알지 못하면서도 내가 통증을 느끼고 있다는 것은 알 수 있으므로, 두뇌 상태 S와 통증은 동일할 수 없다.'는 것이다. 그런데 위의 사례에서 '귀신이 존재한다는 것'과 '귀신이 존재하지 않는다는 것' 중 하나는 알지 못하면서도 다른 하나는 알 수 있어야 내포적 오류의 예가 될 수 있다. 하지만 둘 다 알지 못하므로, 이는 내포적 오류의 예로 적절하지 못하다.

08 ①

분석 및 접근

지문과 다른 새로운 상황을 제시하고, 이 상황을 지문에 등장하는 관점에 따라 해석하는 창의적 이해 문제이다.

해설

① A는 인간과 달리 그들의 통증을 실현하는 물리적 상태가 아직 확인되지 않았으므로, 그들의 통증과 인간의 통증이 동일한지 확정할 수 없다고 판단할 것이다.
→ 7문단에서 동일론자들은 심리 상태의 물리적 기반을 강조한다고 하였다. '심신 동일론'은 심리 상태가 두뇌 또는 중추 신경계의 어떤 '물리적 상태'와 동일하다는 주장이다. 심신 동일론을 지지하는 심리학자 A는 이 외계인의 '통증'이라는 심리 상태가 인간의 두뇌 상태와 같은 물리적 상태와 동일한지 아직 확인된 바가 없기 때문에 외계인의 '통증'과 인간의 '통증'이 동일하다고 확신하지 못할 것이다. 따라서 이는 가상 상황에 대한 A의 판단으로 적절한 진술이다.

② A는 그들과 인간이 대응하는 심리 상태를 지시하는 데 사용하는 단어가 엄격하게 동일하므로, 그들의 통증과 인간의 통증은 동일한 심리 상태를 가리키는 말이라고 판단할 것이다.
→ 심리 상태를 지시하는 데 사용하는 단어가 '통증'으로 동일하다고 하더라도, 단어의 동일함은 심신 동일론자들이 동일성을 판단하기 위해 지문에서 설정한 기준에 해당하지 않는다. 또한 A와 B 둘 다 외계인이 경험하는 주관적 느낌이 정말로 인간과 동일한지 확신할 수 없었다고 하였는데, 선택지는 이와 정반대인 결론을 제시하고 있다. 따라서 이는 가상 상황에 대한 진술로 옳지 않다.

③ A는 그들과 인간이 동일한 단어로 지시하는 심리 상태가 동일한 주관적 느낌인지 모르므로, 그들의 통증과 인간의 통증은 동일한 심리 상태를 가리키는지 알 수 없다고 판단할 것이다.
→ 주관적 느낌이 동일한지는 심신 동일론자들이 동일성을 판단하기 위해 지문에서 설정한 기준에 해당하지 않는다. 이는 단지 가상 상황에서 A와 B가 내린 결론을 반복하는 진술일 뿐이다. 따라서 이는 가상 상황에 대한 진술로 옳지 않다.

④ B는 그들과 인간이 각각의 통증 상태를 동일한 단어로 지시하므로, 인간의 통증과 그들의 통증이 동일한 심리 상태라고 판단할 것이다.
→ 선택지 ②와 같은 맥락의 진술이다. 이는 심리적 기능주의자가 심리 상태를 판단하는 기준으로 지문에서 제시한 것이 아니다. 심리적 기능주의자들은 동일한 환경적 입력을 받는다면 동일한 심리 상태를 지니게 되고, 이로 인해 동일한 방식으로 반응할 것이라고 하였다. 그럼에도 불구하고 B는 외계인이 경험하는 주관적 느낌이 정말로 인간과 동일한지 확신할 수 없다고 하였는데, 선택지는 이와 정반대인 결론을 제시하고 있다. 따라서 이는 가상 상황에 대한 진술로 옳지 않다.

⑤ B는 그들과 인간이 동일한 단어로 지시하는 심리 상태가 맡고 있는 기능적 역할이 동일하므로, 인간과 그들의 주관적 느낌도 동일하다고 판단할 것이다.
→ B는 외계인의 '통증'이라는 심리 상태가 환경적 입력들, 내적 상태들, 출력 반응들의 관계 속에서 인간이 통증으로 분류하는 것과 같은 역할을 한다고 본 것은 맞다. 하지만 그 주관적 느낌은 혹시 통증이 아니라 간지러움일지도 모른다고 판단하고 있다. 따라서 이는 가상 상황에 제시된 B의 판단을 정반대로 뒤집은 결론을 제시하고 있다. 따라서 이는 가상 상황에 대한 진술로 옳지 않다.

[09~11]

09

정답 ②

분석 및 접근

새로운 사실주의의 관점에서 사실주의의 관점을 향해 제기할 수 있는 반론이 무엇인지 묻는 문제이다. 이 문제의 핵심은 '사실주의'라는 개념을 사실주의와 새로운 사실주의를 어떻게 정의하느냐에 달려 있다. 사실주의는 '사실주의'를 눈에 보이는 대로의 자연에 충실한 것이라고 정의하는 반면, 새로운 사실주의는 '사실주의' 개념을 익숙함으로 인해 보이지 않는 상태를 제거하기 위해 대상을 변형하는 것으로 정의한다. 사실주의와 새로운 사실주의는 표현 방식에 있어서는 차이가 있지만, 새로운 사실주의 또한 '칸딘스키가 말하는 새로운 사실주의는 사실주의라는 명칭의 오용이 아니다'와 같은 입장임을 고려할 때 사실주의와 새로운 사실주의 모두 '드러냄'이라는 예술의 목표를 달성하기 위한 방법이라는 점에서 공통점이 있음을 알 수 있다. 새로운 사실주의의 입장에서 변형은 오히려 인간의 눈을 실재로 열어 놓는 것이라 할 수 있다.

해설

① 화가의 임무는 꿈의 세계를 형상화하는 것이지 평범한 현실을 재현하는 것이 아니다.
→ 옳지 않다. 새로운 사실주의의 관점에서 화가의 임무는 꿈의 세계를 형상화하는 것이 아니라 실재를 드러내는 것이다.

② 보이는 대로의 자연에 충실하라는 것도 하나의 예술적 이상에 따른 기획이다.
→ 옳다. 예술이란 하나의 기획이다. 즉, 예술 활동에는 의도성이 포함되어 있다. 다만 '드러냄'을 추구하는 표현 방식에 차이가 있는 것이다. 보이는 대로의 자연에 충실한 사실주의도 '드러냄'을 추구하기 위한 표현 방식 중의 하나일 뿐이다. 칸딘스키는 전통적인 예술의 방법, 즉 사실주의로는 더 이상 대상 그 자체를 있는 그대로 드러낸다는 예술의 과제가 충족될 수 없다고 믿었다. 그래서 시도한 새로운 예술의 방법이 바로 대상을 변형하는 것이었다. 변형이든 보이는 대로의 자연에 충실한 것이든 공통적으로 '드러냄'을 목표로 하고 있기 때문에, 이는 새로운 사실주의가 사실주의에 대하여 제기할 수 있는 반론으로 적절하다.

③ 예술은 항상 무언가에 관한 것이므로, 재현적 내용을 포기할 수는 없다.
→ 옳지 않다. 재현적 내용을 포기할 수 없다는 것은 이미 사실주의와 새로운 사실주의가 모두 동의하고 있는 내용이다.

④ 친숙한 사물에 대한 왜곡 없이는 작가의 정서를 드러낼 수 없다.
→ 옳지 않다. 새로운 사실주의는 친숙한 사물을 필요에 따라 변형하는 것이지 왜곡하는 것이 아니다. 또한 그림을 통해 작가의 정서를 드러내고자 하는 의도에 대한 논의는 본문과 무관하다.

⑤ 극단적이지 않았을 뿐, 예술은 언제나 형식을 추구해 왔다.
→ 옳지 않다. 사실주의는 새로운 사실주의가 형식을 추구하지 않았다고 비판하지 않았다. 따라서 적절한 반론이라고 보기 어렵다.

10

해설

대상	기존의 미술 (사실주의)	추상	새로운 사실주의
내용과 형식의 관계	내용과 형식의 균형을 추구	형식 추구	내용 추구
		형식과 내용의 균형 반드시 필요 X	
공통 목표	'드러냄' 추구		

11

해설

관점	사실주의	칸딘스키
주장	새로운 사실주의는 사실주의의 오용이다.	새로운 사실주의는 사실주의의 오용이 아니다.
근거	이런 점에서 다르다. : 재현 대상의 변형 여부	이런 점에서 같다. : 드러냄 추구

[12~17]

12

해설

(1) (가): 헤겔의 논증

정립	반정립	종합
예술 / 객관성	종교 / 주관성	철학 / 객관성+주관성
직관 / 외면성	표상 / 내면성	사유
초보 단계	성장 단계	완숙 단계

(2) (가)와 (나) 논증의 공통점과 차이점

구분	(가)	(나)
공통점	변증법을 바탕으로 예술의 위상 제시	
차이점	헤겔은 미학을 변증법적 기반으로 다루었다	헤겔은 미학에서는 변증법적 기반으로 다루지 않았다
	철학: 예술의 객관성과 종교의 주관성 종합	철학: 예술의 객관성이 점차 감소 / 진정한 종합 X

13

①

분석 및 접근

제시문 (가)와 (나)에 대한 비교를 요구하는 문항이다. 공통점과 차이점을 기준으로 두 제시문을 파악하여야 한다.

해설

① (가)와 (나)는 모두 특정한 철학적 방법에 기반한 체계를 바탕으로 예술의 상대적 위상을 제시하고 있다.
→ 적절하다. (가)와 (나) 모두 변증법이라는 철학적 방법에 기반하여 헤겔의 미학을 논하고 있으며 헤겔의 미학에서 예술이 차지하는 상대적인 위상을 제시하고 있다는 점에서 공통된다.

② (가)와 (나)는 모두 특정한 철학적 방법에 대한 상반된 평가를 바탕으로 더 설득력 있는 미학 이론을 모색하고 있다.

→ 적절하지 않다. (가)는 변증법이 세계의 근원적 질서와 그 질서가 구현되는 방식이라며 변증법을 긍정적으로 평가한다. (나) 역시 변증법의 매력인 '종합'의 탁월성을 통해 변증법을 긍정적으로 평가한다. 따라서 변증법에 대한 상반된 평가는 제시되지 않으며, 더 설득력 있는 미학 이론이 제시되는 것도 아니다.

③ (가)와 달리 (나)는 특정한 철학적 방법의 시대적 한계를 지적하고 이에 맞서는 혁신적 방법을 제안하고 있다.

→ 적절하지 않다. (나)는 변증법에 근거한 헤겔의 미학이 변증법의 탁월함에 해당하는 진정한 의미의 '종합'을 이루지 못했다는 측면에서 아쉬움을 가진다고 평가하고 있다. 이를 '시대적 한계'로 볼 근거가 없으며, (나)가 변증법에 맞서는 혁신적인 방법을 제안하는 것도 아니다.

④ (가)와 달리 (나)는 특정한 철학적 방법에서 파생된 미학 이론을 바탕으로 예술 장르를 범주적으로 유형화하고 있다.

→ 적절하지 않다. (나)는 변증법에 기반한 헤겔의 미학이 '철학 이후'에 예술이 차지할 수 있는 위상을 논하는 데까지는 이르지 못했다고 평가하고 있다. 이는 예술 장르를 범주적으로 유형화하는 것과 무관하다.

⑤ (나)와 달리 (가)는 특정한 철학적 방법의 통시적인 변화 과정을 적용하여 철학사를 단계적으로 설명하고 있다.

→ 적절하지 않다. (가)는 변증법을 통해 미학을 논할 경우, 예술은 초보 단계, 종교는 성장 단계, 철학은 완숙 단계의 절대정신으로 단계적으로 등급화될 수 있음을 주장한다. 이는 변증법이 시간의 흐름에 따라 변화하는 양상을 설명하는 것과 무관하다.

14 ③

해설

① 예술·종교·철학 간에는 인식 내용의 동일성과 인식 형식의 상이성이 존재한다.

→ 적절하다. (가)에 따르면 예술, 종교, 철학은 절대적 진리를 인식한다는 점에서 공통되며, 이것이 각각 직관, 표상, 사유의 형식으로 인식된다는 점에서 차이를 보인다.

② 세계의 근원적 질서와 시·공간적 현실은 하나의 변증법적 체계를 이룬다.

→ 적절하다. (가)에 따르면 세계의 근원적 질서인 '이념'의 내적 구조도, 이 '이념'이 시·공간적 현실로서 드러나는 방식도 모두 변증법적이다.

③ 절대정신의 세 가지 형태는 지성의 세 가지 형식이 인식하는 대상이다.

→ 적절하지 않다. (가)에 따르면 지성의 세 가지 형식 즉 직관, 표상, 사유는 각각 절대정신의 세 가지 형태에 대응한다. 그리고 직관, 표상, 사유가 인식하는 대상은 절대적 진리라는 점에서 공통된다. 따라서 절대정신의 세 가지 형태는 직관, 표상, 사유인 반면, 지성의 세 가지 형식이 인식하는 대상은 절대적 진리이다.

④ 변증법은 철학적 논증의 방법이자 논증 대상의 존재 방식이다.

→ 적절하다. (가)에 따르면 변증법은 논증의 방식을 넘어서 논증 대상 자체의 존재 방식이기도 하다.

⑤ 절대정신의 내용은 본질적으로 논리적이고 이성적인 것이다.

→ 적절하다. (가)에 따르면 절대정신의 내용인 절대적 진리는 본질적으로 논리적이고 이성적이다.

15 ④

분석 및 접근

(가)의 헤겔이 설정한 직관, 표상, 사유의 기준을 파악하는 것이 중요하다. (가)의 2문단에 제시된 기준을 토대로 선택지의 각 상황을 판단하는 것이 필요하다.

해설

① 먼 타향에서 밤하늘의 별들을 바라보는 것은 직관을 통해, 같은 곳에서 고향의 하늘을 상기하는 것은 표상을 통해 이루어지겠군.

→ 적절하다. 먼 타향에서 밤하늘의 별을 직접 바라보는 것은 물질적 대상(밤하늘의 별)을 감각적으로 지각하는 '직관'에 해당한다. 먼 타향에서 직접 볼 수 없는 고향의 하늘을 상기하는 것은 물질적 대상의 유무에 관계없이 내면에서 심상(고향의 하늘)을 떠올리는 '표상'에 해당한다.

② 타임머신을 타고 미래로 가는 자신의 모습을 상상하는 것과, 그 후 판타지 영화의 장면을 떠올려 보는 것은 모두 표상을 통해 이루어지겠군.

→ 적절하다. 타임머신을 타고 미래로 가는 자신의 모습을 상상하는 것은 물질적 대상의 유무에 관계없이 내면에서 심상(미래로 가는 자신)을 떠올리는 '표상'에 해당한다. 그 후에 판타지 영화의 장면을 떠올려 보는 것 역시 물질적 대상의 유무에 관계없이 내면에서 심상(지금 보고 있는 것이 아닌, 판타지 영화의 장면)을 떠올리는 '표상'에 해당한다.

③ 초현실적 세계가 묘사된 그림을 보는 것은 직관을 통해, 그 작품을 상상력 개념에 의거한 이론에 따라 분석하는 것은 사유를 통해 이루어지겠군.

→ 적절하다. 초현실적 세계가 묘사된 그림을 직접 보는 것은 물질적 대상(그림)을 감각적으로 지각하는 '직관'에 해당한다. 그 작품을 상상력 개념에 의거한 이론에 따라 분석하는 것은 대상을 개념(상상력)을 통해 파악하는 '사유'에 해당한다.

④ 예술의 새로운 개념을 설정하는 것은 사유를 통해, 이를 바탕으로 새로운 감각을 일깨우는 작품의 창작을 기획하는 것은 직관을 통해 이루어지겠군.

→ 적절하지 않다. 예술의 새로운 개념을 설정하는 것은 대상을 개념(예술에 대한 새로운 개념)을 통해 파악하는 '사유'에 해당한다. 이를 바탕으로 새로운 감각을 일깨우는 작품의 창작을 기획하는 것은 역시 대상을 개념(새롭게 설정된 예술 개념)을 통해 파악하는 '사유'에 해당한다.

⑤ 도덕적 배려의 대상을 생물학적 상이성 개념에 따라 규정하는 것과, 이에 맞서 감수성 소유 여부를 새로운 기준으로 제시하는 것은 모두 사유를 통해 이루어지겠군.

→ 적절하다. 도덕적 배려의 대상을 생물학적 상이성 개념에 따라 규정하는 것은 대상을 개념(생물학적 상이성 개념)을 통해 파악하는 '사유'에 해당한다. 이에 맞서 감수성 소유 여부를 새로운 기준으로 제시하는 것 역시 대상을 개념(감수성)을 통해 파악하는 '사유'에 해당한다.

16 ③

분석 및 접근

(나)는 정립과 반정립의 본질이 유기적으로 조화를 이루어 질적으로 고양된 최상의 범주로써 '종합'이 발생하는 것이 변증법의 탁월함으로 보고, 헤겔의 미학이 '종합' 단계에서 '정립'에 해당하는 예술의 핵심 요소가 완전히 소멸되었다는 점에서 안타깝게 평가하고 있다. (나)의 관점에서 ㉠과 ㉡의 공통점은 무엇인지, 차이점은 무엇인지 구분하여 파악하는 것이 중요하다.

해설

① ㉠과 ㉡ 모두에서 첫 번째와 두 번째의 범주는 서로 대립한다.
→ 적절하다. ㉠의 정립과 반정립은 대립하고, ㉡의 예술과 종교가 대립한다. 따라서 첫 번째와 두 번째 범주가 서로 대립한다는 점은 공통된다.

② ㉠과 ㉡ 모두에서 두 번째와 세 번째 범주 간에는 수준상의 차이가 존재한다.
→ 적절하다. ㉠의 정립과 반정립이 조화로운 통일을 통해 종합으로 수렴, 상향하므로 반정립과 종합 사이에 수준상의 차이가 존재한다. ㉡의 철학은 예술의 객관성과 종교의 주관성이 종합된 결과 성취된 완전한 주관성이므로 종교와 철학 사이에 수준상의 차이가 존재한다. 따라서 두 번째와 세 번째 범주 간에 수준상의 차이가 존재하는 것은 공통된다.

③, ④, ⑤ 변증법은 대립적인 두 범주가 조화로운 통일을 이루어 가는 수렴적 상향성을 구조적 특징으로 한다. 그런데 (나)가 지적하는 문제는 정립과 반정립의 본질이 유기적인 조화를 이루는 ㉠과 달리, ㉡은 정립에 해당하는 예술의 객관성과 직관의 외면성 본질이 점차 소멸한다는 점이다. 따라서 ㉠과 달리 ㉡에서 첫 번째 범주의 특성이 갈수록 강해진다는 선택지 ③은 적절하지 않고, ㉡과 달리 ㉠에서 세 번째 범주에서 첫 번째와 두 번째 범주의 조화로운 통일이 이루어진다는 선택지 ④는 적절하며, ㉡과 달리 ㉠에서 범주 간 이행에서 수렴적 상향성이 드러난다는 선택지 ⑤도 적절하다.

17 ②

해설

① 이론에서는 대립적 범주들의 종합을 이루어야 하는 세 번째 단계가 현실에서는 그 범주들을 중화한다.
→ 적절하지 않다. <보기>의 헤겔과 (나)의 글쓴이가 공통적으로 주목하는 점은 예술의 상대적인 위상이다. 따라서 세 번째 단계, 즉 철학에 초점을 맞추는 것은 타당하지 않고, 철학이 예술과 종교를 중화한다고도 볼 수 없다.

② 이론에서는 외면성에 대응하는 예술이 현실에서는 내면성을 바탕으로 하는 절대정신일 수 있다.
→ 적절하다. (가)의 예술은 외면성에 한정되는 반면, <보기>의 헤겔과 (나)의 글쓴이가 생각하는 예술은 철학에서 성취된 완전한 주관성이 재객관화되는, 외면성과 내면성을 고루 갖춘 절대정신일 수 있다. 따라서 이론에서는 외면성에 대응하는 예술이 현실에서는 내면성을 바탕으로 하는 절대정신일 수 있다.

③ 이론에서는 반정립 단계에 위치하는 예술이 현실에서는 정립 단계에 있는 것으로 나타난다.
→ 적절하지 않다. 이론에서 예술은 정립 단계에 해당한다.

④, ⑤ 현실에서 예술은 철학에서 성취된 완전한 주관성이 재객관화되는 단계의 절대정신이 될 수 있다. 따라서 현실에서의 예술이 객관성이 사라진 주관성이라고 볼 수 없으므로 선택지 ④는 적절하지 않으며, 현실에서 예술이 진리 인식을 수행할 수 없다는 선택지 ⑤도 적절하지 않다.

PART 04 설명 지문 정리

[01~05]

01

분석 및 접근

이 문제는 문항 전체의 구성이 '문제점-원인 분석-해결책'의 구조로 만들어져 있다. 따라서 ㉠~㉣의 병렬식 나열에서 기준을 잘 파악해야 일관성 있게 문제를 해결할 수 있다.

해설

관점	㉠	㉡	㉢	㉣
금융위기의 원인	자기실현적 예상	은행의 과도한 위험 추구	은행가의 은행 약탈	이상 과열
	부분준비제도	비대칭적인 이익 구조	은행가의 사익 추구	경제 주체의 비합리적 행동

02

정답 ⑤

해설

① ㉠은 은행 시스템의 제도적 취약성을 바탕으로 나타나는 예금주들의 행동에 주목하여 금융위기를 설명한다.

→ 옳다. 은행 시스템에서 근본적인 제도적 취약성이 지급준비금을 두는 부분준비제도로 인해 드러났다. 자기실현적 예상 현상을 강조하는 시각에서는 여기에서 비롯된 예금주들의 대규모 예금 인출 사태(Bank Run)에 주목하여 금융위기를 설명하고 있다.

② ㉡은 경영자들이 예금주들의 이익보다 주주들의 이익을 우선한다는 전제 하에 금융위기를 설명한다.

→ 옳다. 경영자들이 예금주나 채권자의 이익보다는 주주들의 이익을 우선시 함으로써 고위험 고수익 사업을 선호한다는 전제를 통해 금융위기를 설명하고 있다.

③ ㉢은 은행의 일부 구성원들의 이익 추구가 은행을 부실하게 만들 가능성에 기초하여 금융위기를 이해한다.

→ 옳다. 고위 경영진 등 은행의 구성원 일부 혹은 지배 주주가 자신이 지배하는 은행으로부터 남보다 유리한 조건으로 대출을 받는다거나 혹은 자신의 성과급을 위해 은행의 중장기적 이익이 아닌 사적인 차원에서의 단기적 이익 추구를 함으로써 은행을 부실하게 만들 가능성에 기초하여 금융위기를 이해하고 있다.

④ ㉣은 경제 주체의 행동에 대한 귀납적 접근에 기초하여 금융위기를 이해한다.

→ 옳다. 경제 주체들이 자산 가격을 예측하고, 부채를 지는 행위 등의 실제 사례에 기반한 귀납적 접근으로 금융위기를 이해하고 있다.

⑤ ㉠과 ㉣은 모두 경제 주체들의 예상이 그대로 실현된 결과가 금융위기라고 본다.

→ 옳지 않다. ㉠의 경우 예금주들이 은행의 지불능력이 취약하다고 예상한 결과가 실제로 은행의 지불능력이 낮아지는 현상을 금융위기라고 보았다. 그러나 ㉣의 경우에는 자산이 계속 상승하리라는 경제 주체들의 예상이 실현되지 않아 거품이 터짐으로써 금융 시스템이 붕괴하게 되는 경우를 상정하고 있다. 따라서 ㉠과 ㉣ 모두 경제 주체들의 예상이 그대로 실현된 결과가 금융위기라는 진술은 ㉣에게는 해당하지 않기에 옳지 않다.

03

정답 ⑤

해설

① 파산한 회사의 자산 가치가 부채액에 못 미칠 경우에 주주들이 져야 할 책임은 한정되어 있다.

→ 옳다. 주주는 파산한 회사의 자산 가치가 부채액에 못 미칠 경우에도 주식 출자액만큼의 손해만 감수하면 된다.

② 회사의 자산 가치에서 부채액을 뺀 값이 0보다 클 경우에, 그 값은 원칙적으로 주주의 몫이 된다.

→ 옳다. 자산 가치가 부채액보다 더 커질수록 주주에게 돌아올 이익도 커진다.

③ 회사가 자산을 다 팔아도 부채를 다 갚지 못할 경우에, 얼마나 많이 못 갚는지는 주주들의 이해와 무관하다.

→ 옳다. 회사의 부채가 자산을 초과하더라도 주주는 주식에 출자한 금액만큼의 손해만 감수하면 될 뿐이다. 따라서 부채의 규모와 주주의 이해는 무관하다.

④ 주주들이 선호하는 고위험 고수익 사업은 성공한다면 회사가 큰 수익을 얻지만, 실패한다면 회사가 큰 손실을 입을 가능성이 높다.

→ 옳다. 고위험 고수익 사업이라는 말 자체가 회사가 높은 수익을 위해 큰 손실을 감수하는 사업을 벌인다는 의미이다.

⑤ 주주들이 고위험 고수익 사업을 선호하는 것은, 이런 사업이 회사의 자산 가치와 부채액 사이의 차이가 줄어들 가능성을 높이기 때문이다.

→ 옳지 않다. 주주들이 고위험 고수익 사업을 선호하는 이유는 주주들 스스로는 책임이 한정되어 있으나, 수익에 대한 청구권은 그렇지 않기 때문이다. 즉 책임져야 할 위험은 한정되어 있으나, 수익에 대한 권리는 무한하기에 고위험 고수익 사업을 선호하는 것이다. 그리고 회사의 자산 가치와 부채액 사이의 차이가 줄어드는 것은 주주들에게도 불리한 것이기에 이 또한 옳지 않은 진술이다.

04

정답 ⑤

분석 및 접근

본문에서 금융위기를 바라보는 4가지 시각을 제시했고, 보기에서는 5개의 사례를 제시했다. 이런 문제의 경우 먼저 각 선지에서 요구하고 있는 관점들을 파악하고 난 뒤 보기의 사례에 접근하는 것이 효율적이다.

해설

① ㉠은 위험을 감수하고 고위험채권에 투자한 정도와 고위 경영자들에게 성과급 형태로 보상을 지급한 정도가 비례했다는 점을 들어, 은행의 고위 경영자들을 비판할 것이다.

→ 옳지 않다. 위험을 감수하고 고위험채권에 투자한 정도와 성과급 형

태의 보상을 지급한 정도가 비례했다는 비판은 ㉠이 아닌 ㉢의 시각에서 가능한 비판이다.

② ㉡은 부동산 가격 상승에 대한 기대 때문에 예금주들이 책임질 수 없을 정도로 빚을 늘려 은행이 위기에 빠진 점을 들어, 예금주의 과도한 위험 추구 행태를 비판할 것이다.
  → 옳지 않다. 가격 상승에 대한 기대에 따라 빚을 늘린 예금주의 행태를 비판하는 것은 ㉡이 아닌 ㉣의 시각에서 가능한 비판이다.

③ ㉢은 저축대부조합들이 주식회사로 전환한 점을 들어, 고위험채권 투자를 감행한 결정이 궁극적으로 예금주의 이익을 더욱 증가시켰다고 은행을 옹호할 것이다.
  → 옳지 않다. 고위험채권에 대한 투자 결정은 주주의 이익을 위해 채권자와 예금주에게 그 위험을 전가하는 행위이므로, 예금주라면 이를 옹호하지 않을 것이다.

④ ㉢은 저축대부조합이 정부의 규제 완화를 틈타 고위험채권에 투자하는 공격적인 경영을 한 점을 들어, 저축대부조합들의 행태를 용인한 예금주들을 비판할 것이다.
  → 옳지 않다. 고위험채권에 투자하는 등의 행태는 주주들이 용인한 것이지 예금주가 용인한 투자 형태가 아니다.

⑤ ㉣은 차입을 늘린 투자자들, 고위험채권에 투자한 저축대부조합들, 규제를 완화한 정부 모두 낙관적인 투자 상황이 지속될 것이라고 예상한 점을 들어, 그 경제 주체 모두를 비판할 것이다.
  → 옳다. 낙관적인 투자 상황이 계속될 것이라고 예상하였기에 투자자들은 차입을 늘렸고, 저축대부조합은 고위험채권에 투자한 것이며, 정부는 관련 규제를 완화한 것이다. 투자 상환을 낙관하였기에 ㉣은 합리적이지 못한 경제 주체들의 행동을 강조하는 시각이므로 주체 모두를 비판한다는 진술은 적절하다.

05

정답 ②

해설

① 은행이 파산하는 경우에도 예금 지급을 보장하는 예금 보험 제도는 ㉠에 따른 대책이다.
  → 옳다. 은행의 지불능력이 취약해지더라도 예금 지급을 보장해 주는 것은 대규모 예금 인출 사태 및 은행의 대규모 자산 매각을 막기 위한 대책으로 적절하다.

② 일정 금액 이상의 고액 예금은 예금 보험 제도의 보장 대상에서 제외하는 정책은 ㉠에 따른 대책이다.
  → 옳지 않다. 고액 예금을 보장 대상에서 제외하는 것은 무조건적인 보장으로 인한 보장 주체의 재정적 부담 등을 덜기 위한 것이지, 대규모 인출 사태 등을 대비하기 위한 대책이 아니다.

③ 은행들로 하여금 자기자본비율을 일정 수준 이상으로 유지하도록 하는 건전성 규제는 ㉡에 따른 대책이다.
  → 옳다. 이는 과도한 위험 추구를 통한 자기자본 잠식 및 경영난을 방지하기 위한 규제로서 적절하다.

④ 금융 감독 기관이 은행 대주주의 특수 관계인들의 금융 거래에 대해 공시 의무를 강조하는 정책은 ㉢에 따른 대책이다.
  → 옳다. 이는 지배 주주 등 지배권을 남용할 수 있는 자들의 금융 거래에 대해 공시 의무를 강조함으로써 은행가들의 자기 이익 우선적 거래 등을 방지하려는 대책이기에 적절하다.

⑤ 주택 가격이 상승하여 서민들의 주택 구입이 어려워질 때 담보 가치 대비 대출 한도 비율을 줄이는 정책은 ㉣에 따른 대책이다.
  → 옳다. 담보 가치에 비교하여 대출을 받을 수 있는 한도를 줄이면, 대출을 통한 재투자 행태가 제한을 받게 된다. 따라서 이와 같은 정책은 자산 가격이 계속해서 상승할 것이라는 기대 하에 대출을 받고 투자하여, 다시 자산 가격이 더 크게 상승하게 되는 연쇄 작용을 제한할 수 있다.

[06~07]
06

해설

구분	본인	상대방
청구권	행위 요구권	의무 /자유권 없음
자유권	요구에 따르지 않을 권리	청구권 없음
형성권	법적 지위를 변동시킬 권리	피형성적 지위 /면제권 없음
면제권	지위 변동을 겪지 않을 권리	형성권 없음

07

정답 ②

분석 및 접근

개념 간의 복잡한 관계를 추론해야 하는 어려운 문제이다. 이 문제의 효율적인 풀이를 위해서는 지문에서 해결의 실마리에 해당하는 단서를 정확하게 짚어낼 수 있어야 한다. 이 문제의 단서는 3문단에 있다. 다음에 정리된 두 사람 사이의 단일한 권리 관계를 명확히 파악한 뒤, 문제를 푸는 것이 중요하다.

· A가 청구권을 가지고 있다면 B는 자유권을 가질 수 없다.
  (청구권과 자유권은 동시에 성립할 수 없다: 모순 관계)
  → B가 자유권을 가지고 있다면 A는 청구권을 가질 수 없다.
· A가 형성권을 가지고 있다면 B는 면제권을 가질 수 없다.
  (형성권과 면제권은 동시에 성립할 수 없다: 모순 관계)
  → B가 면제권을 가지고 있다면 A는 형성권을 가질 수 없다.

해설

①, ③, ⑤ 선택지는 권리의 주체와 상대방의 관계에 대한 진술이다. 만일 A가 청구권을 가지고 있다면 B는 행위를 할 의무를 진다. 이는 ①이 성립하는 경우에 해당한다. 만일 A가 자유권을 가지고 있다면 B는 청구권(일정한 권리)을 가질 수 없다. 이는 ③이 성립하는 경우에 해당한다. 만일 A가 청구권을 가지고 있지 않다면 B에게 일정한 의무를 요구할 수 없는 경우도 있다. 이는 ⑤가 성립하는 경우에 해당한다. 만일 A가 청구권을 가지고 있다면 B는 자유권을 가질 수 없다. 그리고 B는 동시에 일정한 행위를 할 의무를 진다. 이는 ④가 성립하는 경우에 해당한다. 본문에 등장하는 네 가지의 권리 중에 권리와 의무를 한 주체에게 동시에 귀속시키는 개념은 없다. 따라서 ②는 제시된 개념 간의 관계에서 도출할 수 없는 선택지이다.

[08~11]
08

해설

08~11번 문제 모두 난도가 높아서 문제풀이에 시간이 많이 걸렸을 것이라 생각한다. 과학기술 지문은 지문 내에 정의된 용어의 정확한 정의를 확인하고, 용어 사이의 관계를 짤막하게 메모하여 맥락을 따라가는 것이 도움이 된다. 특히 이번 문제의 본문처럼 전문 용어가 열거의 형태로 나열된 경우, 각 방식별 속성을 체크하면서 읽는 것이 문제풀이 시간을 단축하는 데 도움이 될 것이다.

개념	기준	
	대기시간	사용자 수
RVOD	없음	적을 때 유리
NVOD	있음	많을 때 유리

개념	기준	
	대기시간	재생 가능 콘텐츠 수
시간 분할 NVOD	상대적으로 길	적음
데이터 분할 NVOD	상대적으로 짧음	많음

09

정답 ⑤

해설

① RVOD에서 콘텐츠 전송에 필요한 대역의 총합은 동시 접속 사용자 수에 상관없이 일정하다.
→ 옳지 않다. 2문단을 보면 RVOD 방식은 동시 접속 사용자의 수에 비례하여 서버가 전송해야 하는 전체 데이터의 양이 증가한다. 따라서 대역의 총합은 동시 접속 사용자 수의 영향을 받아 가변한다.

② 시간 분할 NVOD와 데이터 분할 NVOD에서는 모두 재생 중에 수신 채널 변경이 필요하다.
→ 옳지 않다. 시간 분할 NVOD 방식은 재생 중에 수신 채널 변경을 할 필요가 없다.

③ 시간 분할 NVOD에서는 크기가 다른 데이터 블록이 각 채널에서 반복 전송된다.
→ 옳지 않다. 이는 데이터 분할 NVOD 방식의 특징이다.

④ 데이터 분할 NVOD에서 데이터 블록의 크기는 사용 채널 수에 상관없이 결정될 수 있다.
→ 옳지 않다. 이는 5문단을 통해 데이터 분할 NVOD에서 데이터 블록의 크기는 사용 채널 수에 따라 결정됨을 확인할 수 있다.

⑤ 데이터 분할 NVOD에서 각 채널의 전송 반복 시간은 데이터 블록의 재생 순서에 따라 다음 채널로 넘어가면서 2배씩 증가한다.
→ 옳다. 이는 5문단을 통해 데이터 블록이 전송되는 데 걸리는 시간은 데이터 블록의 크기에 비례하고, 채널의 크기인 대역(단위 시간당 전송하는 데이터의 양)이 일정하므로, 각 채널에서 데이터 블록이 주기적으로 전송되는 데 걸리는 시간인 전송 반복 시간도 2배씩 증가함을 추론할 수 있다.

10

정답 ④

해설

① 한 콘텐츠당 사용되는 채널의 수를 늘리면 사용자의 대기 시간을 줄일 수 있다.
→ 옳다. 이는 4문단의 '대기 시간을 줄이려면 많은 수의 채널이 필요하다'라고 진술된 부분에서 추론할 수 있다.

② 한 채널당 수신자의 수가 다수일 수 있으므로 '일시 정지'와 같은 사용자의 편의성을 높일 수 있는 기능을 사용하기 어렵다.
→ 옳다. 2문단을 보면 각 전송 채널이 사용자별로 독립되어 있기 때문에 사용자가 직접 '일시 정지' 등과 같은 실시간 전송 제어를 할 수 있다고 언급되어 있다. 이를 통해 독립되어 있지 않은 NVOD에서는 사용자별 편의 기능을 사용하기 어려울 수도 있음을 추론할 수 있다.

③ 시간 분할 NVOD에서는 적어도 사용 채널의 수보다 많은 수의 동시 접속 사용자가 있어야 RVOD에 비해 서버에서 보내는 전체 데이터양의 감소 효과가 있다.
→ 옳다. 시간 분할 NVOD 방식으로 120분 영화를 6개 채널에 나누어 보낸다고 하자. 이는 일정한 시간 간격을 두고 영화를 6번 트는 것과 같다. RVOD 방식이라면 6번 영화를 재생하는 것이다. 따라서 시간 분할 NVOD는 사용자가 7명 이상이어야 RVOD에 비해 적은 데이터양으로 많은 사람에게 서비스를 할 수 있는 효과가 있음을 추론할 수 있다.

④ 동일한 대역폭을 가지는 서버가 한 개의 콘텐츠만 전송한다고 할 때 데이터 분할 NVOD는 시간 분할 NVOD의 절반에 해당하는 채널 수를 사용한다.
→ 옳지 않다. 4문단과 6문단에는 120분 분량의 콘텐츠를 대기 시간 1분 이내에 전송하는 방식의 사례가 나온다. 이를 시간 분할 NVOD 방식으로 전송할 경우 120개의 채널이, 데이터 분할 NVOD 방식으로 전송할 경우 6개의 채널이 필요하다. 따라서 데이터 분할 NVOD가 시간 분할 NVOD의 절반에 해당하는 채널 수를 사용한다는 진술이 옳지 않다는 것을 본문 내의 사례를 활용한다면 쉽게 확인할 수 있다.

⑤ 데이터 분할 NVOD는 수신 측의 저장 공간이 반드시 필요한데, 저장 공간에 제한이 있을 경우 콘텐츠의 크기가 너무 크면 전체 내용의 재생이 어렵다.
→ 옳다. 이는 6문단의 '콘텐츠의 절반에 해당하는 데이터를 저장할 수 있는 공간이 수신 측에 반드시 필요하다'는 구절에서 추론 가능하다.

11

정답 ③

분석 및 접근

VOD 서비스 방식 결정에 관한 새로운 상황을 제시하고, 이를 본문의 개념 구조를 기준으로 해결할 수 있는지 묻는 문제이다. 따라서 문제 해결의 순서를 정확하게 잡는 것이 중요한 문제다. 본문에 서비스 방식별 특성이 나와 있으므로 독해하면서 이를 정확히 포착해 두어야 한다. 특히 시험장에서 생각의 동선을 효율적으로 줄이는 것은 시간 절약을 위해 아주 중요한데, 효율적인 문제풀이를 위해 문제 해결 순서를 우선적으로 정립한 뒤 정답에 접근하는 연습이 필수적이다.

해설

먼저 <보기>의 서비스 요청자 수가 심야에 적다는 것을 통해 심야에는 RVOD 방식을 선택한다는 것을 추론할 수 있다. 이로써 ①, ②, ④ 선택지를 제거할 수 있다. 그 다음에는 '저녁, 밤'은 '아침, 낮'에 비해 허용 대기 시간이 짧아진다는 특성을 고려해 정답을 찾으면 된다. 즉, 데이터 분할 NVOD는 시간 분할 NVOD에 비해 허용 대기 시간이 짧으므로 '아침, 낮'에는 시간 분할 NVOD 방식, '저녁, 밤'에는 데이터 분할 NVOD 방식이 적합한 것을 알 수 있다.

[12~15]

12

해설

(1) 단위 개념: 데이터 세트

행	열	
개체의 구체적 정보	개체의 특성	
	범주형	수치형

(2) 클러스터링

개념	분할법	계층법
분류 기준	K 미리 정해야 함	K 미리 정할 필요 X
공통점	거리 개념에 기초	
차이점	수평적으로 묶는 기법 (중심점과 개체 간의 거리)	수직적으로 묶는 기법 (개체 간 거리)
	품질지표: 중심점 간 거리의 평균 전체 최적해: 확정적 보장 X	

13 ④

분석 및 접근

지문의 핵심 개념에 대한 정의와 속성을 정확히 이해하였는지 측정하고자 한다.

해설

① 클러스터링은 개체들을 묶어서 한 개의 클러스터로 생성하는 기법이다.
→ 2문단에 따르면 클러스터링은 데이터의 특성에 따라 유사한 개체들을 묶는 기법이다. 여기에 분할법과 계층법이 있는데, 분할법은 사전에 정한 개수의 클러스터로 나뉘고 계층법은 클러스터 개수를 사전에 정하지 않고 모든 개체가 하나로 묶일 때까지 추상화 수준을 높여간다. 따라서 본 선택지는 여러 개의 클러스터로 나뉠 수 있는 분할법을 고려하지 않고 클러스터링 전체가 한 개의 클러스터로 생성된다고 표현하였다는 점에서 적절하지 않다.

② 분할법에서는 클러스터링 수행자가 정확한 계산을 통해 초기 중심점을 찾아낸다.
→ 3문단에 따르면 분할법에서는 클러스터에 속한 개체들의 좌표 평균을 계산하여 클러스터 중심점을 구한다. 또한 과정 1)에 따르면 사전에 K개로 정한 클러스터 중심점을 임의의 위치에 배치하여 초기화한다. 따라서 수행자가 정확한 계산을 통해 초기 중심점을 찾아낸다는 본 선택지는 적절하지 않다.

③ 분할법은 하향식 클러스터링 기법이므로 한 개체가 여러 클러스터에 속할 수 있다.
→ 3문단에 따르면 분할법은 전체 데이터 개체를 사전에 정한 개수의 클러스터로 구분하는 기법으로, 모든 개체는 생성된 클러스터 가운데 어느 하나에 속한다. 따라서 본 선택지는 적절하지 않다.

④ 계층법으로 계통도를 산출할 때 클러스터 개수는 미리 정하지 않는다.
→ 6문단에 따르면 계층법은 클러스터 개수를 사전에 정하지 않아도 된다는 장점이 있다. 따라서 본 선택지는 적절하다.

⑤ 계층법의 계통도에서 수평선을 아래로 내릴 경우 추상화 수준이 높아진다.
→ 6문단에 따르면 개체들을 거리가 가까운 것들부터 차근차근 집단으로 묶어서 모든 개체가 하나로 묶일 때까지 추상화 수준을 높여 가는 방식으로 알고리즘이 진행된다. 즉 수평선을 위로 올리면 추상화 수준이 높아지는 것이고, 수평선을 아래로 내리면 추상화 수준이 낮아지는 것이므로 본 선택지는 적절하지 않다.

14 ④

분석 및 접근

지문의 주요 개념인 'K-민즈 클러스터링'의 정의와 속성을 정확히 파악하였는지 측정하고자 한다.

해설

① 특성이 유사한 두 개체가 서로 다른 클러스터에 배치될 수 있다.
→ 4문단에 따르면 분할법에서는 개체와 중심점과의 거리를 계산하여 클러스터에 개체를 배정하므로 두 개체가 인접해 있더라도 가장 가까운 중심점이 서로 다르면 두 개체는 상이한 클러스터에 배정된다. 따라서 본 선택지는 적절하다.

② 초기 중심점의 배치 위치에 따라 클러스터링의 품질이 달라질 수 있다.
→ 5문단에 따르면 알고리즘의 첫 번째 단계인 초기화를 어떻게 하느냐에 따라 클러스터링 결과가 달라질 수 있다고 하였으므로 본 선택지는 적절하다.

③ 클러스터 개수를 감소시키면 클러스터링 결과의 품질 지표 값은 증가한다.
→ 5문단에 따르면 클러스터링이 잘 수행되었는지 확인하려면 클러스터링 결과를 평가하는 품질 지표가 필요하다. 품질 지표는 개체와 개체가 속한 클러스터의 중심점 간 거리의 평균인데, 클러스터 개수가 너무 많아지면 평균값은 최소화할 수 있겠지만 클러스터링의 목적에 부합하는 유용한 결과라 보기 어렵다. 따라서 본 선택지는 적절하다.

④ 초기화를 다르게 하면서 알고리즘을 여러 번 수행하면 전체 최적해가 결정된다.

→ 5문단에 따르면 K-민즈 클러스터링에서 K가 정해졌을 때 개체와 해당 중심점 간 거리의 평균을 최소화하는 '전체 최적해'는 확정적으로 보장되지 않는다고 하였으므로 본 선택지는 적절하지 않다.

⑤ K를 정하여 알고리즘을 진행하면 각 클러스터의 중심점은 결국 고정된 점에 도달한다.

→ 3문단 중 K-민즈 클러스터링의 알고리즘에 따르면 1단계에서 중심점을 임의로 정한 후, 중심점에 개체를 배정하는 2단계와 좌표 평균을 계산하여 중심점을 다시 구하는 3단계의 과정을 반복해서 수행한다. 2)와 3)의 과정을 반복하여 수행하여 더 이상 변화가 없는 상태에 도달하면 알고리즘이 종료된다고 하였으므로 결과적으로 고정된 점에 도달한다고 볼 수 있다는 점에서 본 선택지는 적절하다.

15 ②

분석 및 접근

클러스터링의 정의와 속성을 정확히 이해하였는지 파악하고 이를 새로운 사례에 적용할 수 있는지 측정하고자 한다.

해설

① 고객 정보에는 수치형이 아닌 것도 있어 특성의 유형 변환이 요구된다.

→ 1문단에 따르면 개체의 특성은 범주형과 수치형으로 구분되는데, 성별은 범주형이고 체중, 나이 등은 수치형이다. 고객 정보에는 수치형이 아닌 성별, 즉 범주형이 포함되어 있으므로 특성의 유형 변환이 필요하다고 볼 수 있다. 따라서 본 선택지는 적절하다.

② 고객 특성은 세분화 과정을 통해 계통도로 표현 가능하므로 계층법이 효과적이다.

→ 6문단에 따르면 계층법은 개체들 간에 위계 관계가 있는 경우에 효과적으로 적용될 수 있다. <보기>에 따르면 나이, 소득 수준 등 수치형 정보가 있기는 하나 고객의 거주지, 성별, 라이프 스타일에 관한 정보 등 위계 관계가 있다고 보기 어려운 정보 등이 있어 반드시 계층법이 효과적이라고 할 수 없다. 따라서 본 선택지는 적절하지 않다.

③ K-민즈 클러스터링 알고리즘을 실행하려면 세분화할 시장의 개수를 먼저 정해야 한다.

→ 5문단에 따르면 K-민즈 클러스터링은 클러스터의 개수인 K를 미리 정해야 한다. <보기>에 적용하면 이는 세분화할 시장의 개수이므로 본 선택지는 적절하다.

④ 나이와 소득 수준과 같이 단위가 다른 특성을 기준으로 시장을 세분화할 경우 정규화가 필요하다.

→ 2문단에 따르면 특성들의 단위가 다를 경우 특성 값을 정규화할 필요가 있다. 지문에서는 그 예로 특정 과목의 학점과 출석 횟수를 들고 있는데, 두 특성의 단위가 다른 경우 모두 0과 1 사이의 값으로 정규화하여 클러스터링을 수행한다. 또한 범주형 특성에 거리 개념을 적용하려면 이를 수치형 특성으로 변환해야 한다. 따라서 본 선택지는 적절하다.

⑤ 모든 고객을 별도의 세분화된 시장들로 구분하여 1:1 마케팅을 할 경우 K-민즈 클러스터링의 품질 지표 값은 0이다.

→ 5문단에 따르면 극단적으로 모든 개체를 클러스터로 구분할 경우, 클러스터링의 목적에 부합하는 유용한 결과라고 보기 어렵다고 한다. 이렇게 모든 개체를 클러스터로 구분하면 개체와 개체가 속한 클러스터의 중심점 간 거리의 평균인 품질 지표가 0이 된다. 이를 <보기>에 적용하면 고객 수만큼의 K개를 생성하여 모든 고객에게 1:1 마케팅을 하는 경우이다. 따라서 본 선택지는 적절하다.

PART 05 그림이 있는 지문 정리

01

정답 ④

해설

의장의 문지기 권한은 의원 회부를 거부할 수 있는 권한이다. 따라서 ㉠은 의장이 선호하는 '정책2'에 해당한다. 그리고 규칙위원회에서 규칙을 부여하지 않으면 의안은 사장되기에 규칙을 부여하지 않은 '정책1'은 사장된다. 따라서 ㉡ 역시 '정책2'에 해당한다. 만약 규칙위원회에서 수정불가 규칙을 부여하는 경우, 본회의에서 '정책1'의 가부 표결만 이루어질 것이다. 표결은 과반(123명)을 넘어야 하는데, '정책1'을 지지하는 의원은 50명으로 정책1과 가까운 선호인 정책2를 지지하는 의원을 더하더라도 본회의 의원 총 수의 과반에 미치지 못하기 때문에 ㉢은 '정책2'가 될 것이다. 또 만약 규칙위원회에서 수정허용 규칙을 부여하는 경우 '정책3'이 나올 가능성이 있고, 이를 지지하는 본회의 의원 수는 과반을 넘는 125명이기 때문에 ㉣은 '정책3'이 될 것이다.

[02~05]

02

해설

관점	사회 심리학 이론	합리적 선택 이론
기준	어리석은 유권자 정당 일체감	세련된 유권자 합리적 계산

구분	근접 이론	방향 이론
초기	이념 방향 고려X 중위 유권자 - 득표 최대화	같은 이념 방향의 극단 멀수록 득표 최대화
한계	미국 설명 한계 (실제: 중위 벗어남)	유럽 설명 한계 (실제: 극단 벗어남)
보완	심리적 일체감 고려	관용 경계 설정

03

②

해설

① 초기 사회심리학 이론은 유권자의 투표 선택이 심리적 요인 때문에 일관성이 없다고 보았다.
→ 적절하지 않다. 초기 사회심리학 이론은 유권자들이 특정한 정당에 대한 '심리적 일체감' 때문에 지속적인 지지를 보낸다고 본다(1문단 세 번째 문장).

② 공간 이론은 유권자와 정당 간의 이념 거리를 통해 효용을 계산하여 유권자의 투표 선택을 설명하였다.
→ 적절하다. 2문단에서 확인할 수 있다.

③ 후기 공간 이론의 등장으로 득표 최대화에 대한 초기의 근접 이론과 방향 이론 간의 이견이 해소되었다.
→ 적절하지 않다. 후기 공간 이론의 발전은 이념적 중위나 극단을 득표 최대화 지점으로 보았던 초기 공간 이론의 문제점을 극복하려 한 결과였다(4문단 첫 번째 문장).

④ 후기 공간 이론에서는 유권자의 투표 선택을 설명하는 데 있어서 이념의 비중이 커졌다.
→ 적절하지 않다. 후기 공간 이론의 발전은 이념적 중위나 극단을 득표 최대화 지점으로 보았던 초기 공간 이론의 문제점을 극복하려 한 결과이다(4문단 첫 번째 문장). 따라서 후기 공간 이론에서 이념의 비중이 커진 것이 아니다.

⑤ 후기 공간 이론은 정당 일체감을 합리적인 것으로 인정하여 세련된 유권자 가설을 입증했다.
→ 적절하지 않다. 후기 공간 이론 중 근접 이론은 '정당이 정당 일체감을 지닌 유권자들로부터 멀어질 경우 지지가 감소할 수 있다는 점을 고려해서 실제로는 중위로부터 다소 벗어난 지점에 위치하게 된다고 이론적 틀을 보완했다'(3문단 세 번째 문장). 이를 통해 정당 일체감을 합리적으로 인정하여 가설을 입증했다고 할 수 없다.

04

③

해설

① 초기 근접 이론은 ㉠에서 지지율 하락을 경험한 여당이 중위 유권자의 위치로 이동함을 설명할 수 있다.
→ 적절하다. 초기 근접 이론은 유권자 분포의 중간 기점인 중위 유권자의 위치가 양 당의 선거 경쟁에서 득표 최대화 지점이라고 설명한다. 따라서 ㉠처럼 양당제 아래 소선거구제로 치러지는 선거에서 지지율 하락을 경험한 여당은 중위 유권자의 위치로 이동해야 이길 수 있다.

② 후기 근접 이론은 ㉠에서 정당 일체자의 이탈을 우려한 야당이 중위 유권자의 위치로 이동하지 못함을 설명할 수 있다.
→ 적절하다. 후기 근접 이론은 정당이 정당 일체감을 지닌 유권자들로부터 멀어질 경우 지지가 감소할 수 있다는 점을 고려해서 실제로는 중위로부터 다소 벗어난 지점에 위치하고 있다고 설명한다. 이를 통해 ㉠의 야당이 중위 유권자의 위치로 이동하지 못함을 설명할 수 있다.

③ 후기 방향 이론은 ㉡에서 정당 일체자의 이탈을 우려한 여당이 중위 유권자의 위치로 이동함을 설명할 수 있다.
→ 적절하지 않다. 후기 방향 이론은 유권자들이 심리적으로 허용할 수 있는 이념 범위인 관용 경계라는 개념을 도입해서 정당이 관용 경계 밖에 위치하면 외려 유권자의 효용이 감소한다고 본다. ㉡처럼 다당제 아래 비례대표제로 치러지는 선거에서는 이념적 선택이 중요하다. 따라서 정당 일체자의 이탈을 우려한 여당이 중위 유권자의 위치로 이동하는 것은 맞지 않다.

④ 초기 근접 이론은 ㉢에서 중도적 유권자의 이탈을 우려한 여당이 중위 유권자의 위치로 이동함을 설명할 수 있다.
→ 적절하다. 초기 근접 이론에 따르면 중도적 유권자는 '중위 유권자'로, ㉢ 다당제 아래 소선거구제로 치러지는 선거에서도 중도적 유권자의 이탈을 우려한 여당은 중위 유권자의 위치로의 이동을 설명할 수 있다.

⑤ 후기 방향 이론은 ㉢에서 중도적 유권자의 관용 경계를 의식한 야당이 이념적 극단 위치로 이동하지 못함을 설명할 수 있다.
→ 적절하다. 후기 방향 이론은 이념의 극단을 피함으로써 유권자를 확보하고자 했다. 따라서 ㉢의 다당제 아래 소선거구제로 치러지는 선거에서 중도적 유권자를 잡기 위해 야당이 이념의 극단 위치로 이동하지 못함을 설명할 수 있다.

05 ⑤

해설

① 초기 근접 이론은 B1이 예선을 통과할 것으로 예측할 것이다.
→ 적절하다. 초기 근접 이론은 유권자 분포의 중간 지점인 중위 유권자의 위치가 양 당의 선거 경쟁에서 득표 최대화 지점임을 의미한다고 설명한다. <보기>의 B당 중위 유권자의 위치가 7이고, B1이 7이므로 B1은 예선을 통과할 것으로 예측할 수 있다.

② 초기 근접 이론은 A2가 본선에서 승리할 것으로 예측할 것이다.
→ 적절하다. 초기 근접 이론에 따르면 본선에 진출하는 두 당은 A2와 B1인데, 전체 유권자 수의 분포에서 보면 A2가 4, B1이 7로 중위 유권자의 위치인 5에 A2가 더 가까우므로 A2가 본선에서 승리할 것으로 예측할 것이다.

③ 초기 방향 이론은 본선에서 승자가 없을 것으로 예측할 것이다.
→ 적절하다. 초기 방향 이론은 진보와 보수를 구분하는 이념 원점을 상정하고, 이를 기준으로 정당의 이념이 유권자의 이념과 같은 방향이되 이념 원점에서 더 먼 쪽에 위치할수록 그 정당에 대한 유권자의 효용이 증가하며, 반대로 정당의 이념이 유권자의 이념과 다른 방향일 경우에는 효용이 감소한다고 설명한다. 따라서 진보와 보수의 유권자 효용이 가장 높은 후보자인 A1과 B2가 본선에 진출할 것이다. 그러나 본선에 진출해서 전체 유권자 분포를 보면 두 후보는 득표 가능성이 매우 적기 때문에 본선 승자가 없다고 예측할 수 있다.

④ 후기 근접 이론은 A2가 본선에서 승리할 것으로 예측할 것이다.
→ 적절하다. 후기 근접 이론은 정당 일체자들로부터 멀어질 경우 지지가 감소할 수 있다는 점을 고려해서 실제로는 중위로부터 다소 벗어난 지점에 위치하게 된다고 설명한다. 따라서 A2와 B1은 각각 진보와 보수 쪽(가장자리 쪽)으로 움직일 것이다. 그런데, 두 후보자에 대한 효용이 같다면 유권자는 기권한다고 가정하고 있으므로, B당의 중위 유권자 위치를 8로 옮기면 B1과 B2는 효용이 같아지기 때문에 B당 유권자는 기권할 것이다. 반면에 A당 중위 유권자 위치를 2로 옮겨도 A당 후보가 A2가 되는 것은 변하지 않기 때문에 A2가 본선에서 승리할 것이다.

⑤ 후기 방향 이론은 A1이 본선에서 승리할 것으로 예측할 것이다.
→ 적절하지 않다. 후기 방향 이론은 유권자들이 심리적으로 허용할 수 있는 이념 범위인 관용 경계라는 개념을 도입하여 정당이 관용 경계 밖에 위치하면 오히려 유권자의 효용이 감소한다고 설명한다. 그런데 두 후보자가 동시에 유권자 위치의 ±2를 초과하면 유권자는 기권한다고 가정했다. A1은 0이라 관용 경계를 벗어나게 되어 유권자는 기권할 것이므로 A1이 본선에서 승리할 것으로 예측할 수 없다.

[06~07]

06

해설

<table>
<tr><th>구분</th><th colspan="2">㉠ 39°C</th><th colspan="2">㉡ 34°C</th><th colspan="2">㉢ 33°C</th><th colspan="2">㉣ 38.6°C</th></tr>
<tr><td>위치</td><td colspan="2">정낭 동맥</td><td colspan="2">정소 동맥</td><td colspan="2">정소 정맥</td><td colspan="2">정낭 정맥</td></tr>
<tr><td>기관</td><td></td><td colspan="2">망사 구조</td><td colspan="2"></td><td colspan="2">망사 구조</td><td></td></tr>
<tr><td>설명 가능성</td><td></td><td colspan="2">설명 가능</td><td colspan="2">설명 불가능</td><td colspan="2">설명 가능</td><td></td></tr>
</table>

07 정답 ④

분석 및 접근

역류 열전달 이론의 구체적인 모형을 해석할 수 있는지 묻는 문제이다. 역류 열전달 이론의 핵심은 망사 구조의 역할을 파악하는 데 있다.

해설

① ㉠은 양의 체온과 비슷할 것이다.
→ 옳다. 역류 열전달 이론은 '양'을 대상으로 진행된 실험을 통해 지지되었다. ㉠은 양의 체내에 있는 정낭 동맥의 온도이므로, 양의 체온과 비슷할 것이라 추론한 것은 적절하다.

② ㉠에서 ㉡으로의 변화는 정소 정맥이 정낭 동맥의 열을 흡수했기 때문이다.
→ 옳다. ㉠은 정낭 동맥의 혈액 온도이고, ㉡은 정소 동맥의 혈액 온도이다. 정낭 동맥에서 정소 동맥으로 혈액이 흐르면서 망사 구조로 된 정소 정맥이 열을 흡수하여 정소 동맥의 혈액 온도가 낮아질 것이라는 진술은 적절하다.

③ ㉠에서 ㉡으로의 변화와 ㉢에서 ㉣로의 변화는 망사 구조의 기능 때문이다.
→ 옳다. 두 가지 변화는 모두 망사 구조로 된 정소 정맥이 정낭 동맥의 열을 흡수함과 동시에 발생한다.

④ ㉡에서 ㉢으로의 변화는 역류 열전달 이론에 의해 설명된다.
→ 옳지 않다. 정소에서 ㉠에서 ㉡으로의 변화와 ㉢에서 ㉣로의 변화는 역류 열전달 이론으로 설명할 수 있다. 그러나 ㉡에서 ㉢으로의 변화는 역류 열전달 이론이 아닌 스칸단 연구진의 가설로 설명할 수 있다.

⑤ ㉢에서 ㉣로의 변화는 정소 정맥이 정낭 동맥의 열을 흡수했기 때문이다.
→ 옳다. ㉢은 정소를 통과한 정소 정맥의 혈액 온도이고, ㉣은 정낭 정맥의 혈액 온도이다. 망사 구조의 정소 정맥이 정낭 동맥의 열을 흡수하여 정낭 정맥으로 빠져나감으로써 ㉣의 온도는 다시 높아질 것이다.

[08~12]

08

해설

구성요소	명령 코드	CPU 클록	CPU
속성 1	외부 입력 정보	스위치 동작 신호	논리 상태
속성 2		CPU 처리 속도	CPU 기능

09

해설

구분	㉠ 피드백 회로	㉡ 피드백 회로
역할	1비트 정보 저장 회로	순차 논리 회로
기능	정보 저장	논리 상태 변경

10

정답 ③

해설

① CPU가 수행할 수 있는 기능과 그에 해당하는 논리 상태는 정해져 있다.
→ 옳다. 1문단에서 확인 가능하다. CPU가 수행할 수 있는 기능은 특정한 CPU 논리 상태와 일대일로 대응되어 있다.

② 인버터는 입력되는 2진수 논리 값과 반대되는 값을 출력하는 논리 소자이다.
→ 옳다. 3문단에서 확인 가능하다. 인버터는 입력이 0일 때 1을, 1일 때 0을 출력하는 논리 소자이다.

③ 순차 논리 회로에서 저장 회로의 출력은 조합 회로의 출력 상태와 동일하다.
→ 옳지 않다. 4문단에서 확인 가능하다. 순차 논리 회로에서 조합 회로는 외부 입력 값과 저장 회로의 출력을 다시 입력으로 받아, 외부 입력 값에 따라 저장 회로가 출력하는 논리 상태를 임의로 바꿀 수 있기 때문에 저장 회로의 출력과 조합 회로의 출력은 동일하지 않을 수 있다.

④ CPU는 프로그램 명령 코드에 의한 논리 상태 변경을 통해 작업을 수행한다.
→ 옳다. 6문단에서 확인 가능하다.

⑤ 조합 회로는 2진수 입력에 대해 내부에 구현된 논리 함수의 결과를 출력한다.
→ 옳다. 2문단에서 확인 가능하다. 조합 회로는 논리 함수의 기능을 하며 논리 연산을 통해 논리 함수의 결과 값을 출력하는 기능을 한다.

11

정답 ④

해설

① ㉠은 조합 회로를 통해서, ㉡은 인버터를 통해서 피드백 기능이 구현된다.
→ 옳지 않다. 반대로 진술되어 있다. ㉠은 인버터를 통해서, ㉡은 조합 회로를 통해서 피드백 기능이 구현된다.

② ㉠과 ㉡의 각 회로에서 피드백 기능을 위해 입력하는 정보의 개수는 같다.
→ 옳지 않다. ㉠에서 피드백 기능을 위해 입력하는 정보의 개수는 인버터를 통해 입력되는 1가지이며, ㉡의 경우에는 외부 입력과 저장 회로의 출력 2가지를 입력해야 하기에 ㉠과 ㉡에 입력하는 정보의 개수는 동일하지 않다.

③ ㉠과 ㉡은 모두 외부에서 입력되는 논리 상태를 그대로 저장하는 기능이 있다.
→ 옳지 않다. ㉠은 외부에서 입력되는 논리 상태를 그대로 저장하는 기능이 있지만, ㉡은 순차 논리 회로로서 논리 상태의 변화가 일어날 수 있다.

④ ㉠은 정보를 저장하기 위한 구조이며, ㉡은 논리 상태를 변경하기 위한 구조이다.
→ 옳다. 3문단과 4문단을 통해 확인 가능하다.

⑤ ㉠은 스위치 S_1이 연결될 때, ㉡은 스위치 S_2가 연결될 때 피드백 기능이 동작한다.
→ 옳지 않다. ㉠은 스위치 S_2가 연결될 때 S_1이 끊어지더라도 피드백 기능이 동작할 수 있으며, ㉡은 일련의 스위치 동작을 통해서 피드백 기능이 동작한다.

12

정답 ④

해설

① 프로그램에서 사용 가능한 명령 코드의 종류가 증가한다.
→ 옳다. N이 증가할수록 더 많은 순차 논리 회로를 사용할 수 있고, 더욱 많은 외부 입력인 명령 코드의 사용이 가능하다.

② 조합 회로가 출력하는 논리 상태의 가짓수가 증가한다.
→ 옳다. 조합 회로는 저장 회로의 현재 출력과 합친 2N비트를 입력받게 되고 논리 함수에 의해 다시 N비트 출력을 만들어낸다. 따라서 N이 커질수록 조합 회로가 출력하는 논리 상태의 가짓수가 증가할 것이다.

③ CPU가 가질 수 있는 논리 상태의 가짓수가 증가한다.
→ 옳다. CPU가 가질 수 있는 논리 상태의 가짓수는 2^n개에 해당하므로 N이 커질수록 가짓수가 증가할 것이다.

④ CPU에서 진행되는 상태 변경의 속도가 증가한다.
→ 옳지 않다. CPU에서 진행되는 상태 변경의 속도는 CPU 클록과 관련이 있으며 비트수와는 상관없다.

⑤ 동일한 양의 데이터를 처리하는 속도가 증가한다.
→ 옳다. 1문단에서 확인 가능하다. CPU가 가지는 논리 상태의 개수가 많아지면 CPU가 수행할 수 있는 기능이 많아지기 때문에 동일한 양의 데이터를 처리하는 속도가 증가할 것이라고 추론할 수 있다.

PART 06 산만한 지문 정리

[01-04]
01

해설

(1) 개념에 대한 다양한 견해

관점	키르케고르	벤야민	프로이트	하이데거	베버
주장	행동, 희망, 용기 박탈	깊이 있는 사유 가능	일상에서 자아 격리	열정의 소멸에 대한 열정	사회적 모더니티

(2) 개념 간의 비교

개념	㉠ 사회적 모더니티	㉡ 문화적 모더니티
속성	공적 제도, 지배적 가치 부르주아지의 근대	사적 영역, 지배적 가치에 저항 멜랑콜리커 양성
	외적 자연의 탈신비화 감정의 횡포로부터 해방	상실한 것들을 우울의 감정으로 보존하려 함

02 ②

해설

① 키르케고르는 멜랑콜리의 정신적 무능이 실존적 세계관을 형성하고 절망을 해소하는 요인이 된다고 보았다.
→ 키르케고르는 멜랑콜리에 대해 행동, 희망, 용기를 앗아가는 것이라고 언급했다. 따라서 본 선택지는 적절하지 않다.

② 벤야민은 고독과 침잠에 빠진 멜랑콜리커의 무기력에서 사물의 본질에 도달할 수 있는 사유의 가능성을 발견하였다.
→ 벤야민은 멜랑콜리커의 고독과 침잠은 사물을 꿰뚫어 보는 깊이 있는 사유를 상징한다고 언급하고 있다. 본 선택지는 벤야민의 입장과 궤를 같이하고 있으므로, 정답이다.

③ 프로이트는 상실된 대상과 자아가 통합된 애도를 그것이 분리된 멜랑콜리와 구분함으로써 근대인의 몽환적 능력을 강조하였다.
→ 3문단에서 프로이트는 멜랑콜리에 대해 '상실한 대상과 자아가 하나가 되어 버리는 감정'이라고 언급하고 있다. 반면 애도는 충분히 슬퍼한 후 일상으로 귀환하는 것인바, 상실된 대상과 자아가 분리되어 있는 것으로 볼 수 있다. 따라서 이를 반대로 언급한 본 선택지는 적절하지 않다.

④ 하이데거는 능동적 절제를 통해 감정을 억누르는 것이 감정에 대한 근대인의 근본적 자세가 되어야 한다고 주장하였다.
→ 하이데거는 3문단에서 열정의 소멸에 대한 열정이 근대에 유일하게 남은 열정이라고 할 뿐, 감정을 억누르는 것이 근대인의 근본적 자세가 되어야 한다는 입장인지는 알 수 없다. 따라서 확인할 수 없는 내용이다.

⑤ 베버는 근대 사회의 모든 영역이 숙련된 기술을 갖춘 엘리트들로 채워져야 한다고 보았다.
→ 베버는 사회적 모더니티가 정신(Geist) 없는 전문가와 가슴 없는 향락가들을 양산한다고 할 뿐, 근대 사회의 모든 영역이 숙련된 기술을 가진 엘리트들로 채워져야 한다고 주장하지는 않았다. 이 역시 지문에서는 확인할 수 없는 내용이다.

03 ②

해설

문제를 해결하기 위해서는 ㉠과 ㉡의 속성을 정확히 비교할 필요가 있다. 특히 이 두 개념 간 차이는 '감성'을 대하는 태도에 있다. ㉠의 경우에는 감정을 극복해야 하는 것으로 봄으로써 '감정의 횡포'로부터 인간의 내적 자연조차 해방시켰다는 특징이 있다. 그러나 ㉡은 그 해방의 역설적 결과로 나타난 환멸감 속에서 상실한 것들을 우울의 감정을 통해 보존하려고 한다. 그런데 ②는 '이성으로부터의 해방'이라고 언급하고 있는 바, 이는 애당초 범주를 잘못 설정한 것이다. 따라서 ㉠과 ㉡에 대한 적절하지 않은 설명이 되며, 정답은 ②가 된다.

04 ④

해설

<보기>에 나타난 '병일'은 '우울한 장맛비'로 표현되는 내면을 가진 인물이다. 지문에서 등장한 ㉠과 ㉡을 떠올려 보면, 병일은 ㉡의 속성과 궤를 같이하는 '멜랑콜리커'로 판단하는 것이 적절하다. 이와 반대로 <보기> 속에 나타난 이웃 사내는 돈을 모아 세상살이를 하라는 인생관을 가진 것으로 보아 계산적 합리성에 근거한 ㉠, 즉 사회적 모더니티의 주체로 판단해 볼 수 있다. 이와 관련하여 ④는 이웃 사내가 세상살이를 강조한다는 점을 근거로, 그가 감정을 느낄 수 있는 능력이 쇠약해진 상태의 인물임을 확인 가능하다고 진술하고 있다. 이웃 사내가 식민지 근대로 대변되는 사회적 모더니티의 지배적 가치에 순응하고 적응하는 인물이기는 하나, '감정을 느낄 수 있는 능력'이 쇠약해졌는가는 지문에서 확인할 수 없는 무관한 기준이다. 따라서 ④가 정답이다.

[05~08]
05

해설

(1) 개념 간의 비교

개념	㉠ 합의제 민주주의	㉡ 다수제 민주주의
정의	권력의 분산↑	권력의 집중↑
	다수 정치 주체의 동의	과반 규칙, 단일 정당
영향 요인	① 정당 수↑ ② 득표와 의석 간 비례성↑ ③ 연립정부 비율↑ ④ 행정부 권한↓ ⑤ 지방의 이익집단들의 대표 체계가 중앙 집약	① 중앙 정부로의 권력 집중 ② 단원제 의회 ③ 헌법 개정의 난이도↓ ④ 사법부의 독립적 위헌 심판 권한↓ ⑤ 중앙은행의 독립성↓
정책 상호 작용	대통령 권한↓, 소수당 영향↑	대통령 권한↑, 소수당 영향↓
	목적 분리성↑ : 책임성 분산, 교착 발생	목적 일치성↑ : 책임성 강화, 배타적 권력 행사

(2) 전체 정보를 관통하는 기준을 찾아 작성하시오.

개념	㉠ 합의제 민주주의	㉡ 다수제 민주주의
기준	권력의 분산 정도 ↑	권력의 집중 정도 ↑

06 ⑤

해설

① 다당제 국가보다 양당제 국가에서 더 많이 발견된다.
→ 적절하지 않다. 1문단에 따르면 ㉠은 정치 주체를 늘리고자 하므로 다당제에서 더 많이 발견될 것으로 추론할 수 있다.

② 선진 국가보다 신생 독립 국가에서 더 많이 주목받고 있다.
→ 적절하지 않다. 3문단에서 ㉠은 신생 독립국과 다수제 민주주의로 분류되던 선진 국가에서 다양하게 나타난다고 하였다.

③ 사회 평등 면에서는 유리하나 경제 성장 면에서는 불리하다.
→ 적절하지 않다. 3문단에서 경제 성장 면에서는 차이를 보이지 않는다고 명시하였다.

④ 권력을 위임하는 유권자의 수를 가능한 한 최대화할 수 있다.
→ 적절하지 않다. 정치의 주체와 관련된 것이지 유권자와는 무관하다.

⑤ 거부권자의 수가 늘어나서 정치적 교착 상태가 빈번해질 수 있다.
→ 적절하다. 5문단에서 언급한 바와 같이 거부권자 수가 늘어 교착 상태를 초래할 수 있다.

07 ⑤

해설

① 의회가 지닌 법안 발의권을 대통령에게도 부여한다.
→ 적절하지 않다. 법안 발의권을 부여하는 것은 대통령의 권한을 더 강화하는 것이므로 소수당의 발언권이 더 감소할 수 있다.

② 의회 선거 제도를 비례대표제에서 단순 다수 소선거구제로 변경한다.
→ 적절하지 않다. 5문단에 따르면 단순 다수제 선거제도는 정부권력의 원심력이 강화된다고 하였다.

③ 이익집단 대표 체계의 방식을 중앙 집중에서 지방 분산으로 전환한다.
→ 적절하지 않다. 2문단에 따르면 중앙 집중이 되어야 오히려 합의제에 가까워진다.

④ 헌법 개정안의 통과 기준을 의회 재적의원 2/3에서 과반으로 변경한다.
→ 적절하지 않다. 2문단에 따르면 헌법 개정안이 일반 법률 개정과 유사할 경우 다수제적 경향이 강화된다고 명시하였다.

⑤ 의회와 대통령이 지명했던 위헌 심판 재판관을 사법부에서 직선제로 선출한다.
→ 적절하다. 2문단에 따르면 사법부 독립성이 낮을 경우 다수제라고 하였으므로 사법부 직선제로 독립성을 높이면 합의제로 갈 가능성이 높다.

08 ⑤

해설

<보기>의 상황은 부족별 정당을 지지하는 상황이 오게 되면서 거부권자가 늘어나 교착에 빠진 상황이다. 따라서 거부권자의 수를 줄이고 최대한 통합을 시키는 것이 중요하다. 또한 부족들 간의 갈등을 통합하여 목적 일치성을 올려야 하므로 5문단에 따라서 의회의 단순 다수 소선거구제도, 동시선거, 대통령과 지역구 규모의 일치, 대통령 결선투표제 등이 해법이 될 수 있다. 그런데, ⑤는 거주 지역에 따라 의회를 구성할 것을 말하고 있다. 즉, 대통령이 대표하는 다수와 의회가 대표하는 다수가 달라질 가능성을 내포하고 있으므로 목적 분리성이 높아질 수 있다.

[09~11]

09

해설

관점	기준	주장
아도르노	대중문화 부정	대중문화는 의미가 없다.
초기 스크린 학파	텍스트 중심	대중문화도 의미가 있을 수 있다.
피스크	수용자 중심	

10

해설

관점	피스크	아도르노	홀	드 세르토	켈러
속성	수용자 중심	이데올로기 획일화	텍스트 중심	대중 역동성	문화 생산 체계
관계		(-)	(-)	(+)	(-)

11 정답 ①

해설

① 아도르노는 대중문화 산물에 대한 질적 가치 판단을 통해 그것이 예술로서의 지위를 가지지 않는다고 간주했다.
→ 옳다. 1문단 3번째 문장의 아도르노는 대중문화 산물의 내용과 형식을 가지고 판단했다는 부분에서 질적 가치 판단을 했음을 확인할 수 있다.

② 알튀세의 이데올로기론을 수용한 대중문화 연구는 텍스트가 수용자에게 미치는 일면적 규정을 강조하는 시각을 지양하였다.
→ 옳지 않다. 2문단 마지막 문장을 통해 지양한 것이 아니라 오히려 집중했음을 확인할 수 있다.

③ 피스크는 대중문화의 긍정적 의미가 대중 스스로 자신의 문화 자원을 직접 만들어 낸다는 점에 있다고 생각했다.
→ 옳지 않다. 3문단 4번째 문장의 대중문화 텍스트는 상업적으로 제작된다고 밝힌 부분에서 확인할 수 있다.

④ 홀은 텍스트의 내적 의미가 선호된 해석을 가능하게 한다고 주장함으로써 수용자 중심적 연구의 관점을 보여 주었다.
→ 옳지 않다. 3문단 5번째 문장을 통해 오히려 그 반대임을 추론할 수 있다.

⑤ 정치 미학에서 대중 미학으로의 발전은 대중문화를 이른바 게릴라 전술로 보는 시각을 극복할 수 있었다.
→ 옳지 않다. 3문단 1번째, 2번째, 마지막 문장을 통해 극복한 것이 아니라 오히려 강조했음을 확인할 수 있다.

[12~15]

12

해설

(1) (지식 문화의 변화)

시대	근대적	탈근대적
기준	지식 권력의 중앙 집중화	지식 권력의 탈중심화

(2) (지식 문화의 변화에 따른 지식인상의 변화)

<table>
<tr><th>관점</th><th>㉠ 만하임</th><th>㉡ 그람시</th><th>㉢ 사르트르</th></tr>
<tr><td>공통점</td><td colspan="3">보편성에 입각</td></tr>
<tr><td rowspan="2">차이점</td><td rowspan="2">계급적 이해를 종합</td><td>계급적 이해를 대변</td><td>당파의 이해와 보편적 지식 간의 모순 발견</td></tr>
<tr><td colspan="2">소외 계급에 대한 계몽적 역할</td></tr>
</table>

<table>
<tr><th>관점</th><th>㉣ 푸코</th><th>㉤ 부르디외</th></tr>
<tr><td rowspan="2">기준</td><td>보편적 지식인과 특수적 지식인</td><td>지식인의 요건</td></tr>
<tr><td>특수적 지식인 추구</td><td>권력에 저항하고 보편적 가치를 전파하는 투쟁을 전개하는 지식인</td></tr>
</table>

(3) (1)의 표가 (2)의 표보다 우선적으로 고려되어야 하는 이유를 고려하여, 각 표의 이름을 채우시오.

13 ③

분석 및 접근

탈근대적 지식 문화와 구분되는 근대 지식인상의 공통점을 파악하고 있는지 묻고자 했다.

해설

① 권력에 대한 비판적 지식인은 드레퓌스 사건과 함께 비로소 출현했다.
→ 1문단에 따르면 중세에도 아벨라르와 같은 비판적 지식인이 존재하는 등 드레퓌스 사건 이전에도 권력에 대한 비판적 지식인은 존재했다.

② 계몽주의 시대의 지식인은 특정 분야의 전문가라는 특권적 위상을 지녔다.
→ 1문단에 따르면 계몽주의 시대에는 특정 분야를 깊이 파고들지 못하더라도 모든 분야를 두루 섭렵할 수 있는 능력을 지닌 사람을 지식인으로 정의했다. 따라서 특정 분야의 전문가라는 특권적 위상은 지니지 않았다.

③ 근대의 지식인은 개개인의 차이에도 불구하고 보편성을 추구해야 하는 존재로 인식되었다.
→ 2문단에 따르면 만하임, 그람시, 사르트르 모두 개개인의 계급적 차이는 인정하되, 보편성을 추구하는 것이 근대의 지식인이라 보았다.

④ 탈근대의 지식인은 자신의 전문 분야에서 제기되는 문제의 정치적 특성을 인정하지 않으려는 존재이다.
→ 4문단에 드러난 푸코의 탈근대적 지식 문화에 따르면, 특수적 지식인은 자신의 전문 분야에 해당하는 구체적인 사안에 정치적으로 개입하면서 일상적 공간에서 투쟁한다. 따라서 모든 탈근대적 지식인이 정치적 특성을 인정하지 않는다고 단정할 수 없다.

⑤ 탈근대의 대중은 자율적인 참여와 협업에 기초하여 권력에 대한 순응주의로부터 벗어났다.
→ 3문단에 따르면 참여와 협업이 결여될 때 순응주의가 등장하고 집단 지성은 군중심리로 전락할 수 있다. 따라서 탈근대의 대중 모두가 순응주의로부터 벗어났다고 단정할 수 없다.

14 ①

분석 및 접근

근대의 모습과 다른 탈근대적 지식 문화의 특성을 범주 차원에서 정확히 파악하고 있는지 묻고자 했다.

해설

① 구술 문화적 특성을 공유하는 다양한 텍스트들이 형성되고 지식이 전파된다.
→ 3문단에 따르면 탈근대적 지식문화의 텍스트들은 디지털화된 다양한 정보들이 연쇄적으로 재조합되면서 하이퍼텍스트 형태를 띠는 한편, 집단적이고 감정이입적인 구술 문화가 지녔던 특성들을 지식 문화에서 재활성화한다. 따라서 해당 선택지는 적절한 선택지이다.

② 지식의 표준을 장악하려는 경쟁을 통해 중앙 집중적 지식 권력의 영향력이 커진다.
→ 1문단에 따라 중앙 집중적 지식 권력의 영향력이 큰 것은 근대적 지식 문화에 가깝다.

③ 사회적 지식의 형성에서 지식을 처음 생산한 자의 권위가 이전 시대보다 강화된다.
→ 1문단에 따르면 지식 생산자의 권위를 인정하는 것은 18세기의 백과전서파로서 근대적 분류 체계를 강조하는 근대적 지식 문화와 가깝다.

④ 문화생산자적 속성을 지닌 지식인의 사회적 지위가 부르주아 계급에서 피지배 계급으로 전락한다.
→ 4문단에 드러난 푸코의 주장에 따르면 대중의 대변자로서의 지식인이 불필요한 시대에서도 여전히 대중의 지식 및 담론을 금지하고 봉쇄하는 권력 체계와 이 권력 체계의 대리인 역할을 자임하는 고전적 지식인이 존재한다. 따라서 문화생산자적 속성을 지닌 지식인의 사회적 지위가 피지배 계급으로 전락한다고 단정할 수 없다.

⑤ 집단 지성이 엘리트로부터 지식 권력을 회수하여 대중의 지식 및 담론을 규제하는 새로운 권력 체계를 형성한다.
→ 3문단에 따르면 집단 지성은 엘리트 집단으로부터 지식 권력을 회수하고 새로운 민주주의의 가능성을 열어놓기도 한다. 하지만, 대중의 지식 및 담론을 규제하는 것은 전반적인 방향에 맞지 않을 뿐더러 새로운 권력 체계가 형성될 것이라고 단정할 수도 없다.

15 ⑤

분석 및 접근

같은 시대의 학자들을 서로 비교함으로써 각 학자들의 의견을 정확히 이해할 수 있는지 묻고자 했다.

해설

① ㉠은 지식인이 전문 지식과 보편적 지식의 종합을 통해 동질적인 계급으로 형성될 수 있는 존재라고 여겼을 것이다.
→ 2문단에 따르면 ㉠은 지식인을 단일 계급으로 간주할 수 없다고 보았다. 따라서 해당 선택지는 적절하지 못한 선택지이다.

② ㉡은 지식인이 계급적 이해관계와 이성적 사유 사이의 모순으로부터 출발하여 보편성을 향해 부단히 나아가야 하는 불안정한 존재라고 여겼을 것이다.
→ 2문단에 따르면 ㉡은 계급의 이해를 유기적으로 결합하여 그것을 당파적으로 대변할 것을 주장했다. 오히려 지식인을 불안정한 존재로 바라본 것은 ㉢에 가깝다.

③ ㉢은 지식인이 서로 적대 관계에 있는 계급들 중 어느 쪽과 제휴해 있어도 개별 계급의 한계를 딛고 계급적 이해들을 종합할 수 있는 존재라고 여겼을 것이다.
→ 2문단에 따르면 ㉢은 당파적 이해와 보편적 지식 간의 모순을 발견하고 보편성에 입각할 것을 주장했다. 오히려 계급적 이해를 종합할 수 있는 존재로 본 것은 ㉡에 가깝다.

④ ㉣은 지식인이 자신의 특수 분야와 관계된 미시권력에 저항해 보편적 지식을 전파하는 운동을 전개해야 하는 존재라고 여겼을 것이다.
→ 4문단에 따르면 ㉣이 말하는 특수적 지식인은 거대한 세계관이 아니라 특정한 분야에서 전문적인 지식을 지니고 있는 존재이다. 따라서 보편적 지식을 전파하는 운동을 전개해야 하는 존재라고 볼 수 없다.

⑤ ㉤은 지식인이 범주의 측면에서 보편적 지식인과 특수적 지식인으로 명확하게 구분할 수 없는 존재라고 여겼을 것이다.
→ 5문단에 따르면 ㉤은 지식인을 명확하게 구분하는 데 관심을 기울이지 않는다. 다만, 지식인의 요건으로 '그가 상징적 권위', '자율성을 위협하는 권력에 저항', '보편적 가치를 전파하는 투쟁을 행하는 것'을 제시한다. 따라서 해당 선택지는 적절한 선택지이다.

해커스 LEET

MOONLABO 언어이해

핵심 정리노트

개정 2판 1쇄 발행 2024년 8월 30일

지은이	문덕윤
펴낸곳	해커스패스
펴낸이	해커스로스쿨 출판팀
주소	서울특별시 강남구 강남대로 428 해커스로스쿨
고객센터	1588-4055
교재 관련 문의	publishing@hackers.com
학원 강의 및 동영상강의	lawschool.Hackers.com
ISBN	979-11-7244-308-5 (13360)
Serial Number	02-01-01